# 刘士奇传

彭新华 著

中国社会科学出版社

图书在版编目（CIP）数据

刘士奇传/彭新华著 . —北京：中国社会科学出版社，
2014. 11

ISBN 978 - 7 - 5161 - 5036 - 8

Ⅰ.①刘…　Ⅱ.①彭…　Ⅲ.①刘士奇（1902～1933）—
传记　Ⅳ.①K825.2

中国版本图书馆 CIP 数据核字（2014）第 247446 号

| 出 版 人 | 赵剑英 |
| 责任编辑 | 卢小生 |
| 责任校对 | 董晓月 |
| 责任印制 | 李　建 |

| 出　　版 | 中国社会科学出版社 |
| 社　　址 | 北京鼓楼西大街甲 158 号　（邮编　100720） |
| 网　　址 | http：//www. csspw. cn |
| | 中文域名：中国社科网　　010 - 64070619 |
| 发 行 部 | 010 - 84083635 |
| 门 市 部 | 010 - 84029450 |
| 经　　销 | 新华书店及其他书店 |

| 印　　装 | 北京君升印刷有限公司 |
| 版　　次 | 2014 年 11 月第 1 版 |
| 印　　次 | 2014 年 11 月第 1 次印刷 |

| 开　　本 | 710 × 1000　1/16 |
| 印　　张 | 13. 25 |
| 插　　页 | 2 |
| 字　　数 | 169 千字 |
| 定　　价 | 39. 00 元 |

凡购买中国社会科学出版社图书，如有质量问题请与本社发行部联系调换
电话：010 - 64009791
版权所有　侵权必究

人民英雄永垂不朽

毛泽东

學習先烈

啟迪後人

毛致用
一九九〇年
十二月

## 刘士奇（1902—1933）

湖南岳阳人，1924年夏加入中国共产党。1926年9月，组建中共岳阳地方执委，任书记。1927年任中共江西省委委员兼工委主任、中共鄱阳县委书记、中共九江市委书记、赣北特委书记。1929年秋，调任中共赣西特委书记，策动了罗炳辉起义。1930年2月，任赣西南特委书记。先后任红六军政委、红二十军政委中央军事委员会委员等职。1931年6月，到鄂豫皖苏区，历任红四军政治部主任、红四方面军总政治部主任。1932年，任鄂豫皖根据地东路游击司令员。不久，任红二十七军军长。1933年在鄂东北遇难。

刘士奇手迹

# 序

隋国庆[*]

　　"为有牺牲多壮志，敢教日月换新天。"当我们享受着新社会和谐美满的幸福生活和改革开放的成果时，怎能忘记这是革命先烈用热血浇灌的幸福之花，是革命先烈用生命铸就的康庄大道。在刘士奇烈士（1902—1933）诞辰 112 周年与牺牲 81 周年之际，《刘士奇传》终于与我们见面了。

　　近一个世纪以来，中国人民在共产党的领导下，为推翻帝国主义、封建主义和官僚资本主义的反动统治，为建立和建设新中国浴血奋斗，前仆后继，义无反顾，许许多多英雄儿女为中国革命的胜利而英勇献身。刘士奇无疑是其中的一位杰出代表，他为民族的解放英勇献身，在中国革命史上写下了光辉的一页。

　　刘士奇烈士是湖南省岳阳县黄秀九元村人，出生于一个郎中家庭，青少年时代在家乡岳阳与省城长沙求学。当时的中国正处于半封建、半殖民地社会，旧中国积贫积弱，民不聊生，让他立下了改造旧社会的志向。刘士奇后来在郭亮、夏明翰等革命同志的指引下，逐步走上了革命道路，并于 1924 年光荣地加入了中国共产党。

　　刘士奇最初在湖南各地从事党建与领导农运工作，1926 年任中共岳阳地委执委书记，组建党组织，开展农运工作。1927 年大革命失败后，受党的指派，到江西从事革命工作，先后担任省委

-----

　　[*] 隋国庆，系刘士奇烈士的同乡，国家一级作家。

秘书长兼工委主任、省委委员、鄱阳县委书记、赣北特委书记、九江市委书记、红六军政委兼军委书记、红二十军政委、赣西南特委书记以及前委常委、中央军事革命委员会委员等职，为中央革命根据地的开辟与巩固做出了不可磨灭的贡献。

1930年8月，刘士奇离开江西去上海；1931年受上海党中央指派到达鄂豫皖革命根据地，担任红四方面军政治部主任，协助总指挥徐向前取得了反"围剿"的一系列重大胜利。期间，刘士奇与张国焘的错误路线进行了坚决的斗争，表现出了一位共产党人的铮铮铁骨。在红四方面军主力撤离之际，刘士奇临危受命，留守根据地进行游击战争，组建了红二十七军，任军长，率领红军战士与数倍于己的敌人浴血奋战，掩护了主力部队转移，打击了敌人，保护了群众。其英勇事迹可圈可点、可歌可泣。1933年上半年，刘士奇受张国焘肃反错误路线的迫害，被杀害于湖北红安七里坪，时年仅31岁。

英国作家缪尔·斯迈尔斯说过，能够激发灵魂的高贵与伟大的，只有虔诚的信仰。在刘士奇同志的精神追求中，是什么支撑着他从偏远的乡村走出，投身革命、历经磨难、矢志不渝？是一个共产党员对党和人民事业的崇高信仰！刘士奇的一生是短暂的，也是极其光辉的，刘士奇在他短暂的人生中为中国革命做出了不可磨灭的功绩，《中共党史人物传》、《中华著名烈士》、《中国红军人物志》等中国革命史册上都铭记了他的丰功伟绩。

他有着坚定的革命信念。他对党无比忠诚，无比信仰，无比热爱，他在长沙求学时期就积极参加学生运动，积极向党组织靠拢，是当时学生运动的领袖。在土地革命时期，他是江西党政军重要领导人之一，他坚决拥护和忠实地执行了"平分土地"的革命政策，得到了广大贫苦大众的热烈拥护，赣西南各根据地连成了一片，革命形势如火如荼。

他有着丰富的斗争经验。他曾担任过湖南岳阳、江西赣西南地方党政领导人，也担任过红军的军政委、军委书记，他善于团结同志，发动群众，孤立敌人，打击敌人。

他有着杰出的军事指挥才能。沧海横流，方显英雄本色。在鄂豫皖根据地斗争最危险的时刻，他大智大勇，独揽危局，率领匆忙组建成的红二十七军，与十数倍于己的敌人浴血奋战，转战鄂豫皖三省，行程数千里，历时一个多月，巧妙地打击了敌人，取得了一系列的胜利，锻造了红军，光荣地完成了革命使命！

湖南—赣西南—鄂豫皖，这是一段辉煌的历程、一段红色的神奇历史。刘士奇等共产党人，在这方红色的热土上演绎出一系列可歌可泣的动人传奇，积淀为厚重的红色文化底蕴，凝聚成中国人民难以忘怀的历史情感。给人以星火者，必怀火炬。刘士奇同志一生信仰如炬，理想如帜，用生命演绎和诠释了中国共产党人价值追求的真谛和内涵，在人民心中竖起了一座丰碑。为了纪念这段不能忘却的红色历史，再现当年的历史辉煌，刘士奇烈士的儿媳陈大理、孙辈刘庆保、刘代英等人以及传记作者彭新华，经过数年的艰苦努力，调查、收集、整理了刘士奇烈士的有关史料，创作了刘士奇的革命传记。

《刘士奇传》是一本难得的共产主义思想教育的好教材，是一面迎风招展的旗帜，是一面照亮人心的镜子。革命烈士刘士奇的共产主义胸怀，他的铮铮铁骨，都倾诉着中华赤子的一片深情。

该书脉络鲜明，结构紧凑，可读性强。全书以平实、质朴而不失生动的文笔，真实地记录了刘士奇接受共产主义思想教育、走上革命道路的历程。注意了点面结合，既有大的政治环境、大的历史事件的描述，又有刘士奇个人的革命活动情况的叙述。人物个性鲜明，性格突出。

英雄洒碧血，丹心照汗青。岳阳是无数革命先烈的故乡，这是岳阳人民的骄傲和自豪，岳阳人民一定能够高举火红旗帜，以贯彻落实党的"十八大"精神为动力，像当年的共产党人和革命先烈一样，坚定信念，敢闯新路，依靠群众，艰苦奋斗，努力在新的起点上建设美丽岳阳，用科学发展、共建和谐的新成绩，作为对以刘士奇为代表的革命先烈们的最好纪念。

# 目　录

## 上篇　湖南　恰同学少年

# 中篇　江西　跟着毛泽东打天下

## 下篇　鄂豫皖　沧海横流

# 上 篇

---

湖南　恰同学少年

# 第一章

## 少年求学，小顽童尽显聪明

### 一 动荡的年代

这注定是一个不平凡而又动荡不安的年代，一条铁路的纷争，竟然导致了一个朝代的垮台，同时也宣告了数千年封建帝制的结束！

而这些燃烧着煤的蒸汽火车，这些在铁路上爬行的大家伙们，照例霸气地吐着黑烟，粗声粗气地从山的这头冒了出来，在弯道处扭着尾巴，又粗声粗气地消失在山的那一边。

铁路的修筑权，牵动着各方敏感的神经。清政府因限于不堪重负的财力，不得不于1896年向美国借款，并将粤汉、川汉铁路的修筑权出卖给美国。后来，迫于社会各界的压力，1905年，清政府收回了出卖给美方的铁路修筑权，准许各省份办本省地段铁路建设。1910年，清政府又正式批准粤汉、川汉铁路"官督商办"，商股之外，募集民股，地方政府在各种苛捐杂税中，又附加田捐、米捐、盐捐、房捐等各种税收，湖湘各界民众因此苦不堪言。

全国铁路商办的潮流，触发了列强的在华利益。为了改变这个状况，列强各国对清政府施加压力。在1911年5月，清政府宣布铁路"收归国有",此前批准的商办各案一律取消。英国、法国、德国和美国四国银行享有粤汉、川汉铁路的修筑权与投资权。

清政府的反反复复已经预示了某种不妙的结局,其卖国行径使各地局势更为动荡。长沙数万市民游行示威,罢市、罢课;宜昌数千筑路工人与清兵搏斗;四川保路运动最为激烈,从罢市、罢课发展到抗粮、抗捐,继而发生武装冲突,震动全国。保路运动最终引发了武昌起义,导致了清政府的灭亡。

然而,铁路,这个西方工业文明的标志,毕竟还是在古老的中国落户了。1918 年 9 月,粤汉铁路武昌至长沙段完工,并试通车。

这个像乌龙一样的怪物,发出"轰隆轰隆"的响声,带来了神州大地的震荡,也带来了诸如"袁世凯恢复帝制失败"、"孙中山护法运动开始"、"第一次世界大战结束"、"五四运动兴起"等消息。这些消息,让那些身处穷乡僻壤、稍许读了点儿子曰诗云的人,多少有点不安;而对于那些个面朝黄土背朝天、终日在土里刨食的农民来说,就像风吹雁毛般地飘过去了,他们大多不把这些事情放在心上。他们心中惦念的是自家的几亩薄田收成如何,或几亩佃租田完租后能否糊住嘴;还有,他们最为关切的,当然是几钱碎银子能否换成一块"袁大头"。

当这个怪物驶过湖南省岳阳县黄秀九元村的一个山旮旯时,本书的主人公刘士奇,已经年满 16 岁了。此时的他,正在当地最有名的新式学校洞天观刻苦攻读。他的童年和少年,是在洞庭湖畔闭塞的山村里度过的,但这并不影响他以后迈向省城求学、接受革命的洗礼,并最终走上为无产阶级革命奋斗终生的道路。在这一点上,刘士奇与后来成为他革命道路的引路人以及亲密战友的毛泽东,极为相似。

# 二 天真童年

黄秀本来是一个人的名字，据说是为了纪念清代监察御史黄秀。这位老先生出生于 1657 年，巴陵县南下乡荷塘人，自幼聪颖，博通经史；但不知怎么的，直到 64 岁才考取进士，授翰林院编修，后官至监察御史。先生为官期间，忧国忧民，尽职尽责，经常轻车简从，体恤民情。黄秀当了几年御史后告老还乡，居岳阳城，于 1747 年病卒，享年九十，可谓高寿。为纪念老先生之功德，岳阳城区一街改名翰林街（今郭亮街），其出生地改名黄秀。

在距黄秀几华里路的一个山旮旯里，矗立着一座历经两百多年沧桑的古村落。该村落名为郎中屋，始建于清嘉庆甲子年间，系刘姓族人聚居之地。这里位于洞庭湖东边，周边丘陵起伏，河汊密布，属于典型的江南地貌，由此往北七十华里可到岳阳城，往南两百华里可到长沙。村民们日出而作，日落而息，每天为生计劳碌奔波。

郎中屋坐东朝西，屋场排列严密紧实，浑然一体，从大门进去，只见整个房屋呈"丰"字形结构，天井、巷道井然有序，梁柱门窗，错落有致，雕梁画栋，古朴典雅。房子外面的正前方有一条小溪绕屋而行，不远处是一口明镜般的水塘。整个村子处在青山绿水的环抱中，显得那样的静谧与安详。一条逶迤的乡间小道，拖着长长的尾巴伸向山外的世界，连接着粤汉铁路，给这个闭塞的村落带来了外界的气息与活力。

列强各国，耀武扬威，蹂躏中国人民；反动军阀，各霸一方，鱼肉百姓。谁也想不到，在一百多年前血风腥雨的时代里，从这个古朴的山村里走出一个少年，他目光坚定，执着沉毅，勇敢无畏，犹如一条蛟龙，跃入了风云激荡的大千世界，用满腔的热忱和抱负探索着救国救民的良方，执着地寻找着革命的真理，用共产主义的信念唤醒了广大的劳苦大众。他在岳阳大地上掀起了轰轰烈烈的农协运动，在湘、赣、鄂、豫、皖等苏区积极开展对敌斗争，参与了工农红军和苏维埃政府的创建，沉重地打击了国民党反动派，为新中国的革命事业做出了不可磨灭的贡献。

他，就是我党我军早期重要领导人之一的刘士奇。刘士奇生前担任过红六军政委，红四、红五、红六军前委常委（毛泽东任书记），赣西南特委书记，红二十军军委书记，中国革命军事委员会委员，红四方面军政治部主任，红二十七军军长等重要职务。牺牲时年仅 31 岁。

1902 年农历六月初五，刘士奇出生于郎中屋，小名刘齐财。郎中屋原名刘家大屋，因为刘士奇的父亲刘实蕃是位医术精湛的乡村郎中，在当地坐诊行医，治病救人，颇有名气，久而久之，十里八乡的老百姓将刘家大屋唤作了郎中屋。

刘实蕃娶妻赵氏，夫妻俩养育了三子一女，养育成人的只有齐正与齐财（士奇）两个儿子。齐财出生时，正值清朝光绪末年，列强入侵，瓜分中国，水深火热，民不聊生。1898 年，以梁启超、谭嗣同为首的维新派在光绪皇帝的支持下发起了"戊戌变法"，旨在通过变革与维新，改善民生，重振国力。但维新运动触犯了大地主大官僚的利益，以慈禧为首的顽固势力囚禁了光绪皇帝，同时，逮捕并杀害了谭嗣同等六君子，"戊戌变法"因此失败，在历史上也称"百日维新"。当然，这场发生在皇城、足以改变中国近代命运的政治变革，对于远在千里之外的山旮旯里的村落来说，还是太遥远了。因为郎中刘实蕃，同广大面朝黄土的农民一样，只是一心忧他的几亩薄田，这些国家大事实在是与他们扯不上半点儿关系。

刘实蕃家有几亩薄田，又有行医坐诊这样的一技之长，应该说当时尚属小康之家。但实际情况却大相径庭，自从那"轰隆轰隆"的火车轧过来使大地震荡的同时，这"五亩之宅，树之以桑，五十者可以衣帛矣"的小农经济自然也彻底解体了。他们同所有的旧中国农民一样，陷入了一种经济凋敝、哀鸿遍野的大环境里。这时的郎中刘实蕃一家，也仅能解决温饱而已。

刘齐财在父母亲的精心呵护下渐渐长大。

小齐财特别的聪颖、活泼。父亲刘实蕃有一间单独的诊所，闲暇时间，刘实蕃常把《本草纲目》等医书拿出来仔细研读。别的小伙伴三五成群地在古屋的天井旁巷道里捉迷藏玩游戏，小齐财却寻到父亲的诊所撒娇，非要缠着父亲玩耍。刘实蕃有时没法子，就只好抱起小齐财，敷衍他。

哪知小齐财看见了厚厚的医书后，两眼放光，兴奋异常，稚嫩的小手欢喜地摩挲着医书。刘实蕃心想此儿莫非有些天分？于是抓起儿子的小手就着医书教他识字。这时的小齐财安静多了，学着父亲的样子摇头晃脑，口中念念有词，一副少年老成的样子。这也给刘实蕃行医坐诊的单调日子增添了不少乐趣。

隔了几天，小齐财憋不住了，又一路小跑寻到诊所，缠着父亲要看医书。刘实蕃欣喜有加，一有空就教儿子念几句。一来二去，齐财也能认一些字了，一些中医脉诀、诊法、药性、中药方剂等，也能唠唠叨叨地背下来。刘实蕃暗中欢喜，心想自己行医大半辈子，倘若儿子将来能继承衣钵，也算不枉了自己一番心血。

一天，村子的小道上冒出了几个匆忙奔走的身影，两个农民用简易轿子抬着一位气息奄奄的病人来到诊所就诊。刘实蕃与来人略为寒暄，便将病人扶至病床躺下，他敛起衣袖，稳稳地伸出三指轻轻地切按在病人手腕脉搏上，凝神细听。这时小齐财正好进来玩耍，张口便唱："滑脉如珠滚滚来，往来流利却还前，停食痰气胸中瘀，妇女滑脉定是胎。"刘实蕃一愕，止住了把脉。病人亲友却哈哈大笑起来："小公子蛮有意思，病人明明是壮年男子，你却说他是怀胎妇人,哈哈哈……"刘实蕃也忍俊不禁,小齐财见状,吐吐舌头,扮一个鬼脸,转身跑了。

古人云,"不成良相,便成良医"。我们可以设想,如果不是时代的狂风暴雨、历史的巨手把刘士奇推向革命的风口浪尖,小小的齐财或许会诵《内经》,潜心于岐黄,那么这个小山村走出的或许是另一个中医圣手吴汉仙,而不是救民于水火、冤死在党内争斗中的红军军长刘士奇了。

## 三 启蒙入学

刘齐财6岁那年,刘实蕃将他送进了附近的私塾读书,算是正式启蒙。塾师潘琼楼,吟诗作对样样精通,是一位闻名乡里的饱学之士。在塾师的指导下,刘士奇学习了《幼学》、《三字经》、《古文观止》、《唐诗》等书籍。他天资聪颖,悟性极高,所学诗书过目不忘,背诵如流。小齐财有此聪慧,深受先生的器重。

私塾距郎中屋有两里路,小齐财开始去上学时兴致蛮高,风雨无阻,但时间一久,加之天气转凉,小孩子懒惰的天性就显现出来了。这天早晨,小齐财窝在床上不肯起来,母亲赵氏在厨房里添柴烧水,为儿子上学张罗着。母子俩一里一外唱和着:

赵氏:蠢崽起来啰!

齐财:起来半截。

赵氏:还有半截呢?

齐财:给虱婆子拖住。

赵氏:屙屎屙到哪里?

齐财:屙到米缸里。

赵氏:屙尿屙到哪里?

齐财：屙到水缸里。

赵氏：让我打死你个蠢崽。

　　母子俩就这样一唱一和着，赵氏走过来疼爱地拧着儿子的耳朵。小齐财咯咯笑着，一个鲤鱼打挺从床上跃起来，穿好衣服，洗过脸，吃过早饭，拿起书包，蹦蹦跳跳地上学去了。老先生摇头晃脑地念"子曰"，念"诗云"，学生们也摇头晃脑地跟着念。时间长了，小齐财就不耐烦了，觉得上学也没什么意思。

刘士奇用过的全套康熙字典

　　7岁那年，齐财的头上长了黄癣，开始他自己也没有在意，痒的时候喜欢用手去抠，弄得头上血迹斑斑，黏在头发上很快又结成了痂，等到头皮受真菌感染、头上的黄癣越来越多时，父亲刘实蕃才发觉儿子头上的异样。刘实蕃开了几服药给儿子服用，但限于当时的医疗条件，刘齐财头上的癞子终究没有治好，不久，头发大部分脱光，成了一个小癞子。别人的头上都有溜光滑青的小辫子，而齐财的脑门上则是光溜溜的。小朋友们嘲笑他是小癞子，一下学就围着他唱："茅草窝窝，架个铁锅。猫俚吃饭，老鼠唱歌。唱个什么歌，唱个乡里李大哥。他在外面做什么？他在外面讨老婆。有钱讨个花姐姐，无钱讨个癞子婆。癞子婆，偷米养鸡婆。鸡婆不屙蛋，气得癞子婆娘不吃饭！"小齐财又气又急，脸憋得通红，起身要去追赶，小朋友一哄而散，刘齐财的自尊心受到了打击，当着先生的面，将书本一丢，闹着要回家，不愿上学了。

不明就里的老先生气得胡子都翘了起来，拿起戒尺就朝刘齐财的手心打，一边打还一边骂："我让你不争气，让你不学圣人书！"小齐财的手被打得又红又肿，但他咬着牙就是一声不吭。

饱受委屈的齐财回到家里，扑进妈妈怀里禁不住地哭了出来。抚摸着儿子红肿的小手，赵氏心疼得流下了眼泪。小齐财说："我明天不上学了，我放牛捡柴去！"

刘实蕃正在抽旱烟，听儿子嚷嚷不上学了，吐了一口烟，说："哪有上学不挨老师打的，学还得上！供你念书，爸爸受苦受累还有个盼头。不然，你也和爸爸一样当个土郎中，咱家这穷日子还有什么指望改变呢！"

赵氏心疼儿子，一把将儿子搂在怀里，摩娑着儿子的脸，柔声说道："蠢崽，你的手指上有十个箩呢！一箩穷，二箩富，三箩四箩看鸭婆，五箩六箩打豆腐，七箩八箩开当铺，九箩十箩当官跑不脱！蠢崽，你是想去看鸭婆呢，还是去当官升堂呢？"

气归气，小齐财还得去上学。只要爸爸妈妈高兴，这书还得好好念。

小齐财的领悟力特强，四书五经背得滚瓜烂熟。有时候老师摇头晃脑地在上面讲解，小齐财趁机开溜，溜到外面看水牛打架，看蚂蚁上树，看狗婆发情，听猫儿叫春。大自然总是充满乐趣，外面的世界在小孩眼里总是那么精彩。

小齐财玩累了，偷偷地溜回来。老师虎着脸在等着他，手中的长戒尺一抖一抖，差一点就要打到小齐财光亮亮的脑门上。同学们在下面挤眉弄眼，只等好戏开锣了。小齐财见状，只好乖乖站在门边，等着老师处罚。

"齐财，'大学之道，在明明德'，后面怎么说呀？"潘先生慢条斯理，故意拿今天上午学习的功课为难他。小齐财松了口气，定了定神，大声地背起来："大学之道，在明明德，在亲民，在止于至善……古之欲明明德于天下者，先治其国。欲治其国者，先齐其家。欲齐其家者，先修其身。欲修其身者，先正其心……"齐财稚嫩的声音在房间里飘荡，老师边听边点头，戒尺早就搁到了一边。

小齐财一口气背了上千字，老师教的和没教的一股脑儿全都背出来了，把下面的同学听得目瞪口呆。"好好，停下来，"潘老先生脸上有了笑意，亲切地摸了摸齐财的脑门，沉吟了一会儿，说，"齐财呀，你这个名字很俗气，老师给你起个学名叫'士奇'，好不好？……嗯，孺子可教，堪称奇才也！"刘齐财高兴地点点头。自此，小朋友们再也不敢欺侮他了。

潘琼楼先生给他取的"士奇"这个名字，寓"学士奇才"之意。但他在同学们中间得了一个雅号"癫怪"。"癫怪就癫怪吧，谁在乎那几根屌毛呢！"刘士奇想通了，要想不受人欺侮，肚子里要多装货才行！

## 四　洞天观就读

1916 年，14 岁的刘士奇结束了数年的私塾教育，考入了著名的新式学校洞天观高小就读。洞天观学校，位于岳阳县鹿角镇忠信村，距离郎中屋十几华里。该校始建于辛亥革命时期，是岳阳新文化的策源地，又是传播革命种子的摇篮，具有十分重要的历史人文价值。

1912年辛亥革命后，本地知名人士何云槎先生，深受孙中山先生革命学说和新兴教育思想的影响，毅然联络县里的进步人士和学界名流胥敬轩、周士铨、李剑初、潘晓山等，共同商议筹办新学，为国家培养栋梁人才。何云槎亲自带头发动群众，将古寺洞天观僧徒遣散，排除重重阻力，彻底砸毁寺院内神龛、塑像及迷信工具，同时接管该寺的出租水田七亩，利用寺院僧房，因陋就简，改建成校舍。至此，一所新兴学堂在何云槎先生的苦心运作下建成了，取"十室三邑，必有忠信"之义，命名为忠信学校，附近群众习惯称之为洞天观学校。

何云槎先生出任第一任校长。学校借鉴西方先进的教育思想与教学内容，健全制度，办学认真严谨，校长事务委员会必须经地方群众代表选举才能担任；校长专管教务，事务委员负责校产收支和统管，每年定期核算账目。聘请周士铨、李剑初等一批业务能力和学识水平都很高的新文化人担任教师。学校注重对学生传授近现代文化知识，除国文外，还授以算术、图画、音乐、自然、体育等课程，学校在提倡学习自然科学，反对封建思想，帮助学生接受新文化、新思想方面起到了重要作用。

由于校舍系道观改建，规模较小，故招收学生不多且全部都是男生。1926年以前，忠信学校毕业班仅十个，毕业生百余人，但毕业生的知识水平高，不少学生出校后先后成为时代风云人物。比如原国民党中央执行委员、交通部长、"总统府"国策顾问贺衷寒，曾任国民党中央周刊社社长、后去印度讲学的刘丙黎，均为该校第一班毕业生。中国工农红军早期创始人之一、红二十七军军长刘士奇，中共地下党员、革命烈士潘光弟、潘光间、李权之，科技教育界名流、经济学家李颖吾，著名医学教授、微生物研究专家潘光廷，高级农业专家曾继贤等，均系该校前几届毕业生。

14—17 岁，是一个人从少年到青年的重要成长时期。刘士奇在洞天观学校接受了四年的新式教育，从一个懵懂的少年成长为一个朝气蓬勃的青年。正是这四年的教育，使刘士奇的人生观发生了较大的变化，对社会有了新的了解和认识。

首先是全新的校园给他带来了新奇和快乐。洞天观学校尽管处于草创之时，但已具备了新式学校的雏形，学校由道观改建而来，校园里古木参天，环境极为优雅。教室宽敞明亮，还有教师和学生住房，有师生食堂、运动场地，真可谓是麻雀虽小，五脏俱全。教师们知识渊博，不像原来的私塾先生，张口闭口之乎者也。他们的授课，内容充实，生动有趣，开阔了孩子们的视野，锻炼了能力，为求知若渴的孩子们打开了一个全新的世界。

这一切都让从私塾里走出来的刘士奇感到兴奋。当然，还有一件令刘士奇开心的事。那就是新生一到洞天观，就被要求剪掉辫子，一律留短发，不准穿长袍，一律改穿学生短装。这给头上没有几根头发的刘士奇带来了心理上的安慰，新学校是反对留辫子的，那么他这个本来就不长辫子的人在大伙儿面前就一律平等了。原来，人有没有辫子并不重要，重要的是心里没有一根卑躬屈膝的辫子。

在刘士奇最佩服的老师中，周士铨算一个。周老师是个饱学之士，既有深厚的儒学功底，又精通算术、地理知识。他为人和蔼可亲，不刻板，没有架子，对学生一视同仁。有一次，在上地理课时，周老师在黑板上画了一幅中国地图，然后他用慷慨激昂、抑扬顿挫的语调告诉同学们：泱泱华夏，上下五千年文化传承，屹立世界之林的文明礼仪之邦，创造了悠久灿烂的文化，为世界文明的发展与进一步作出了重大贡献。然而，自鸦片战争以来，列强用坚船利炮打开了中国的大门，不仅掠夺了中国的财富，还瓜分了中国的土地，我华夏子孙，定要爱我国家、爱我民族、爱我同胞，尔等要奋起男儿万丈雄心，重振我华夏灿烂辉煌！

接着，周老师激情澎湃，教同学们一起朗诵梁启超先生的《少年中国说》："日本人之称我中国也，一则曰老大帝国，再则曰老大帝国。是语也，盖袭译欧西人之言也。呜呼！我中国其果老大矣乎？任公曰：恶！是何言！是何言！吾心目中有一少年中国在……老年人如夕照，少年人如朝阳。老年人如瘠牛，少年人如乳虎，老年人如僧，少年人如侠……故今日之责任，不在他人，而全在我少年。少年智则国智，少年富则国富，少年强则国强，少年独立则国独立，少年自由则国自由，少年进步则国进步，少年胜于欧洲则国胜于欧洲，少年雄于地球则国雄于地球……天戴其苍，地履其黄。纵有千古，横有八荒。前途似海，来日方长。美哉我少年中国，与天不老！壮哉我中国少年，与国无疆！"

刘士奇和着周士铨先生的语调大声地朗读着，不觉间浑身热血沸腾，他不觉浮想联翩，眼前展现了一个奇妙的世界：北国的莽莽林海、巍巍高原，南国的千重稻菽、江湖河海，一一在他的脑海中显现，如一幅美丽而广袤的山水画卷缓缓展开。恍惚间，刘士奇只觉得腾空而起，御风而行，他豪情万丈地飞越祖国的山山水水……直至多年以后，身为红军高级将领的他，即使在对敌斗争最艰苦的岁月里，他也常常在难得安静的时刻回忆起这幅画面。不过，激起他心中感情的不仅仅是自豪和骄傲，更多的是一种深深的忧患和责任！

## 五　报考长沙商专

转眼间，到了1919年上半年，刘士奇在洞天观度过了四年难忘的求学生涯，他已经长成了一个身材挺拔、瘦削、思想睿智、思维敏捷的青年。

马上就要面临毕业了，摆在刘士奇面前的有几条路：一是回家跟父亲学医，继承他的衣钵；二是回乡当小学老师，谋取一份薪水；三是去大地方继续求学深造。经过几年新学教育洗礼的刘士奇，已经有了新的人生打算——去追求更高的人生境界，实现更高的人生理想，承担更大的社会责任，去广阔的天地里锻炼自己！而此时的中国，列强分争，军阀割据，弱肉强食，民不聊生！

时势造英雄，他的学长，高于他几个年级的贺衷寒，从洞天观毕业后就考入了武汉一所学校就读。刘士奇也想一试，然而家中的经济条件又使他踌躇不已。就在刘士奇启蒙的第二年，母亲赵氏因病于年底去世，年仅42岁。父亲刘实蕃没有续弦，含辛茹苦地将两个儿子抚养大。在这五年中，他的祖父母先后离世，父亲为了供他上学，已经欠下了不少债务，家中已是入不敷出，举步维艰！

三月的一天，周士铨先生拿着一张《长沙日报》兴冲冲地找到正在教室里自修的刘士奇："士奇，省高专的招生开始啦，你去试试吧！"

刘士奇接过老师手里的报纸，匆匆浏览起来，报纸的下方有一则湖南省公立商业专门学校的招生简章：本校以施商业之高等教育、造商业高等人才为主旨。分科：本校设预科一年，本科三年。报考资格：凡年龄满17周岁，身体健康、品行端正，具有下列资格，经考试合格者得入预科。甲：中等学校卒业生，乙：中等商业学校卒业生，丙：具有中等卒业学历者……考试科目：国文、历史、地理、算术、代数、物理、化学、英语。

刘士奇拿着报纸不觉陷入了沉思。

"士奇，想什么呢？"周老师打破了沉默。

"先生，我想，这商业学校，我去合适吗？"士奇抬起头望着老师。

"呵呵，'看水看三尺，辨才辨三分'，士奇呀，你是老师看重的人才，老师相信你会干出一番事业。现在社会局势混乱，西方列强侵我中国，民生凋敝，百姓生活维艰。我看，国家迫切需要的，就是要学习西方的工商业，振兴民族经济，就是要培养经济学家！"

老师语重心长的一番话使刘士奇倍感振奋。"可是，先生，我这些年求学已经用了不少的钱，家里……"刘士奇欲言又止。

"这个，你不用操心，我已经跟你的父亲说好了，你的父亲也很是赞同啊！"

这时，教室的门吱呀一声推开了，刘实蕃闪了进来。

"爸爸，您怎么来了？"士奇惊喜地迎上前拉住了父亲的手。

刘实蕃看着已和自己一般高的儿子，慈爱地抚摸着他的头："儿呀，你的事情周老师已经跟我说了，他夸你是个人才呢，好钢就要用在刀刃上！"

士奇嗫嚅着低声道："可是，这钱……"

"费用的问题不用你操心了，我目前身体还健壮，齐正在家也算是一个劳力了，你舅舅家也答应借钱送你读书。儿呀，学好文武艺，货卖帝王家呢，呵呵，你就放心去参加考试吧！"

# 六　奉命成婚

1919 年上半年，刘士奇以优异的成绩考入湖南省公立商业专门学校，成为岳阳为数不多的考入高等学校就读的学生之一。

消息传来，郎中屋沸腾了。自郎中屋开基以来，还没有一个刘氏子弟能够进入省城读书的，尽管现在是民国了，但"朝为田舍郎，暮登天子堂"的儒家耕读传家的思想还是深深地影响着人们。刘氏族人认为，刘士奇这一去定如蛟龙入海，学有所成，光宗耀祖；说不定也能像清代为民请命的监察御史黄秀一样，博得好名声，那时，只怕岳阳城里又会多出一条翰林街。于是，郎中屋大摆筵席，遍请乡邻，请来了巴陵最出名的花鼓戏团"岳舞台"，吹吹唱唱，演出了《岳母刺字》、《巴将军》等几本巴陵戏，寂静的小山村一下子热闹起来。

当然，作为宴席的主角，17岁的刘士奇免不了要上台讲话，答谢乡邻。只见这位昔日的"癫怪"，如今的"状元郎"，头戴一顶深灰色学生帽，身穿藏青色的学生短装，大步流星地走上戏台中央。

刘士奇气宇轩昂，不亢不卑，朝各位乡邻抱拳致意，朗声说道："士奇此日赴省城深造，全赖父母养育送读之恩，亦仰仗恩师教诲和各位乡邻热心扶持。士奇此去，定当努力学习新知识，谋求改造社会之本领，以期报效国家，造福乡梓！"

台下众乡邻纷纷鼓掌，不禁竖起大拇指夸赞："看人家士奇，小小年纪，满腹文章，志向非凡，郎中屋出了状元郎，我们脸上有光呀！"

刘士奇就要去长沙读书了，刘实蕃既有一种扬眉吐气的荣耀，又有一种隐隐约约的担忧。不孝有三，无后为大。他担心儿子到了外面的大世界后，翅膀坚硬了，本领大了，就回不来了。刘实蕃当然知道强扭的瓜不甜，但为了拴住儿子的心，还是张罗着为刘士奇定了一门亲事。女方罗菊英，黄秀大众村人，年方十八岁，没有上过学，从小干粗活出身，其父母都是朴实勤劳的佃户。

马克思说过："对于骑士或男爵以及对于王公本身，结婚是一种政治行为。"① 但是，对于旧中国的广大农民来说，婚姻则更多的是一种经济行为，它能由此获得劳动力，繁衍子孙，使私有财产有人继承。

经受了新式教育的刘士奇，那时可能还没有读到恩格斯"只

---

① 恩格斯：《家庭私有制和国家起源》。

有以爱情为基础的婚姻才是合乎道德的”这句话，但对于“爱情
是婚姻的基础”是知道的，与一个没有爱情基础的女子结婚，他
的心底里是一百个不愿意，可是迫于父命，还是与罗氏完了婚。

　　婚后几天，刘士奇就匆匆去了长沙。在后来求学与参加革命
的日子里，刘士奇越来越不满意这桩封建包办婚姻。父亲刘实蕃
于 1921 年病逝后，刘士奇就很少回家与妻子团聚了，婚姻名存实
亡。夫妇俩育有一子，取名刘祖文。1927 年大革命失败后，刘士
奇离开岳阳，直至 1933 年牺牲，再也没有回家。刘士奇与罗氏的
婚姻自动解除，罗氏于 1928 年改嫁，儿子刘祖文由伯父刘齐正
抚养。

刘士奇故居始建于嘉庆甲子年

# 第二章

# 青年立志，闹学潮追求革命

## 一  学生运动领袖

1922 年下半年，岳阳青年陈步凡、唐曦明结伴到长沙投考，住在五堆子岳阳旅省同学宿舍。他们听人介绍说，刘士奇在旅省同学中比较活跃，也很热心，于是试着委托别人联系刘士奇。

第三天，一位面容白皙、头戴呢帽、中等个儿的青年走进房来，自我介绍说："我叫刘士奇，家住岳阳县黄秀郎中屋，是商业专门学校的学生。"

唐曦明连忙说："我是岳阳县新墙人，与你的老家冇隔多远呢，我们人生地不熟，还要请老乡多多关照呀！"

刘士奇热情地与他们握手，说道："这个是自然的。"又关切地问道，你们想报哪所学校呢？

陈步凡答道，我们高小还未毕业呢，想找补习学校。

刘士奇嗯了一声，说，商专现在正在招插班生，你们就报考商专初中班吧！

随后，俩人跟着刘士奇去报了名，顺利地录取为备取生。

进校后，刘士奇听说两人在数学、理化等功课方面听讲有困难，便找来同班优秀生蔡子贞帮助补习，每天在课后给他们讲解难题。通过一段时间的努力，期终考试两人都取得了好成绩，被升为正式生。

可是，在那军阀横行、列强欺凌的年代，又哪能安心学习呢。思想进步的刘士奇经常和同学们在一起聚会，告诫大家要关心国家大事，明确读书目的。刘士奇慷慨激昂，大声疾呼："青春是可爱的。谁不珍惜美丽的青春?! 可是，年华如流水，青春岂可常在。我们如果不趁年轻，把美好的青春奉献社会，再美好的年华也等于白白淌走的流水。君不见，我们生存的这个时代，是需要许多青春去一起燃烧的时代啊!"同学们很受启发，不知不觉，都把他当成了领头人。

每逢国耻纪念日，刘士奇就带领大家在街头演讲宣传，查禁洋货。在刘士奇的带领和影响下，同学们爱国热情高涨。

刘士奇在湖南商业专门学校读书的留影

对底层的穷苦百姓，刘士奇怀着一种朴素的阶级情感。1923年的暑假，又到了入学的时候，刘士奇在火车站候车时，见到一位衣衫褴褛的老人向他乞讨，顿生怜悯之情。扶危济困的正义感，竟然使他忘记了大哥的操劳及辛苦，把为他拆借的学费，尽数施舍给了老人，老人千恩万谢地走了，但自己却落得两手空空，连路费也没有了。学校去不成了，怎么办？刘士奇正在一筹莫展之际，幸好遇见校友唐曦明也在候车去上学。唐曦明知情后，赶紧掏钱为他买了票。刘士奇到校后，半工半读，既维持了学业，又进一步接触了社会，了解了底层老百姓的真实生活。

郭亮和夏明翰，这两位中国共产党早期的重要领导人，成了刘士奇继续走革命道路的引路人。

郭亮，湖南长沙人，1901 年出生。1920 年秋，郭亮考入湖南省立第一师范学校。毛泽东当时在第一师范学校附小担任主事，郭亮经常去向毛泽东求教。经毛泽东介绍，加入新民学会。1921年冬，郭亮由毛泽东介绍加入中国共产党。1922 年 5 月，中共湘区执行委员会成立，他任委员，分管工人运动。同年 9 月，为抗议铁路当局虐待工人，他带头卧轨，发动了震撼全国的粤汉铁路大罢工。1927 年 5 月，郭亮在中共第五次全国代表大会上被选为中央委员。不久，他任中共湖南省委代理书记。大革命失败后，郭亮到贺龙第二十军做政治工作，随部队参加了八一南昌起义。同年 11 月，郭亮被中共中央任命为湖北省委书记。1928 年 1 月，他又任中共湘鄂赣特委书记，到湖南岳阳组织武装起义。同年 3月，由于叛徒告密，郭亮被捕，后被国民党反动派杀害。

夏明翰，祖籍湖南衡山县，1900 年生于湖北秭归。1920 年秋，经过五四运动洗礼的夏明翰，在何叔衡的帮助下来到长沙，结识了毛泽东，成为毛泽东创办的湖南自修大学的第一批学员，开始大量阅读进步书刊。1921 年冬，经毛泽东、何叔衡介绍，夏明翰加入中国共产党。入党后，夏明翰等按照中共湖南区委的指示，在长沙开展工人运动，参与领导和组织长沙人力车工人罢工斗争。1927 年 10 月，湖南省委派夏明翰兼任平（江）浏（阳）

特委书记，先后领导发动了平江、浏阳的农民暴动，有力地配合了井冈山根据地的创建。1928 年年初，夏明翰被党调到湖北工作，任中共湖北省委常委，配合新任湖北省委书记郭亮的工作。同年 3 月，由于叛徒的出卖，夏明翰在武汉被捕，英勇就义。在生命的最后时刻，夏明翰昂然写下了那首大义凛然的就义诗："砍头不要紧，只要主义真。杀了夏明翰，还有后来人！"

## 二　斗争反动军阀赵恒惕

1923 年 3 月 27 日，是日本租借我国旅顺、大连期满的日子，可是，日本帝国主义者拒绝归还。郭亮、夏明翰等共产党员，发动长沙人民举行了收回旅顺、大连的示威游行大会，并向日本驻长沙领事提出警告。

中共湘区委员会还派郭亮、夏明翰以湖南工团联合会的名义，联合学生联合会和教育会，发动组织了"湖南外交后援会"。在反对英国、日本帝国主义侵略的斗争中，刘士奇结识了郭亮、夏明翰等人，几经交往，很快就成了挚友，并从他们手里接收了一些革命书刊，潜心研读。挚友的言辞渲染，革命书刊的潜移默化，使刘士奇很快走上了革命道路。

刘士奇成了学生爱国运动中的积极分子。他经常带领同学们在城内进行演讲。有一次，刘士奇他们在商店查获一批日本漂白粉，刘士奇将它抛入经武门外汴河里。不一会儿，水面浮起的死鱼白花花一大片，引来不少围观的人。

6 月 1 日，日本武陵丸号轮船运载日货抵达长沙大金码头，准备在长沙销售。刘士奇闻讯后，带领唐曦明、陈步凡等一批同学赶到码头，向附近乘客进行反日宣传。随后，中国外交后援会调查员例行前往检查，遭到日本水兵的无理殴打。

日本水兵的行径激怒了群众，千余人会集码头，与日本水兵对峙。这时，停泊在湘江中的一艘日本军舰上的水兵，竟持枪上岸，开枪行凶。当场打死2人，重伤9人，轻伤数十人，酿成"六·一"惨案。

消息传出，长沙人民义愤填膺。当日下午，在外交后援会组织下，刘士奇和同学们将死难同胞的尸体抬到了教育操坪，号召各界同胞示威游行。

围观和参加游行的群众越来越多，两万多人在教育操坪召开了声讨大会。大会提出了撤换日本驻湘领事、惩办日本军官、惩办杀人凶手、撤退日本一切驻湘军队、收回日本在湘占用的一切码头、日本驻湘领事公开向人民道歉、抚恤死者、赔偿伤者保险费及医药费八项条件。

会后，愤怒的群众抬着尸体沿街游行，并向湖南省长赵恒惕请愿，要求宣传，查禁外货。

赵恒惕调动了大批军警准备镇压学生运动，但一看到几万市民和学生像怒涛一样涌上街头，心里惊恐万状。眼看控制不了局面，诡计多端的他眼珠一转，马上想出了一个同意谈判协商解决的办法，并假惺惺地邀请代表对话。

刘士奇作为请愿方代表被请进了省政府大门。只见军警三步一岗五步一哨，全副武装，杀气腾腾，白晃晃的长刺刀架在道路两边足有一里路长。

刘士奇昂首挺胸大步跨入赵恒惕的办公室。

赵恒惕坐在办公桌前打量着刘士奇，只见他二十出头，还是一个稚气未脱的学生。赵恒惕鼻孔里不由得哼了一声，阴阳怪气地说："日本人凶狠、狡猾，对待日本人的挑衅，政府自有办法，你们这些学生伢子懂什么！"

刘士奇根本就不吃这一套，朗声说道："中华民国备受列强欺凌，国无宁日，现在日本入侵我主权，杀我同胞，赵省长不为百姓做主，反倒打压学生的爱国行为，巴结讨好日本人，公理何在，良心何在？"

"你……你……你，简直目无尊长，岂有此理！"赵恒惕面红耳赤，理屈词穷。

"在其位，谋其政，我们只希望赵省长代表政府向日本人讨回公道，偿还血债，请赵省长拿出实际行动来！"

"你这个娃娃蛮大的口气，看来我这个省长当不了了，要让给你了！"赵恒惕气咻咻地说。

"我不稀罕你这个不作为的伪省长，我要为劳苦大众谋福利，解放受苦受难的同胞！"刘士奇掷地有声，鄙夷地看了一眼赵恒惕，转身大步流星地走出省政府大门。

"站住，你给我站住！"刘士奇身后传来赵恒惕气急败坏的声音。

但赵恒惕根本无心为人民交涉，在外交后援会开展的对日本人全面经济绝交的活动中，反而答应卖给日本人大米。

赵恒惕还命令士兵化装成挑夫、小商人，偷偷地把大米、食物送到日本人的船上。

谁知赵恒惕的阴谋早被郭亮、夏明翰等识破。夏明翰、刘士奇率领工人、学生纠察队员在途中设岗检查，截获大米等物，并将这些送粮送物的军警士兵押到外交后援会。

郭亮、夏明翰、刘士奇决定将计就计，一是揭穿赵恒惕的阴谋，二是借机好好教训一下日本人。于是，他们选了十几个机灵的工人、学生纠察队员，穿上刚抓来的军警的服装，扮成赵恒惕的"送粮队"，向大金码头走去。

夏明翰、刘士奇带领"送粮队"把这些物品送上日本人的船上后，刘士奇装作神秘的样子对日本人说，这里都是可口、饱肚的食品，但必须等我们上岸后，才能打开，否则……

刘士奇故意不把话说完，一个日本长官忙说："我明白，打开了，老百姓会看见的，对我们不好，等你们回去，我们抬到船舱里再打开。"

"送粮队"刚上岸，这些猖狂一时、却饿得发蠢的日本人立即你抢我夺地打开这些箱子、麻袋，打开一看，里面装的全是泥巴、石头、烂草等物，还有一条条"把侵略者赶出中国去"的标语。日本人看了，个个像泄了气的皮球。日本位一长官气急败坏地说："找赵恒惕去，一定要他惩办这些人。"

刘士奇一行人快速离开了码头，走出里许，脱下了警服。大家一想到日本人的狼狈情景，开心地哈哈大笑起来。

这天傍晚，几名持枪的士兵悄悄地来到商专学校，将正在教室里自修的刘士奇拖出来。刘士奇与他们扭打在一起，但好汉难敌四手，几个持枪的士兵将他打倒在地。刘士奇被打伤了牙齿，血流不止，最终被持枪的士兵捆绑起来，带走了。

湖南商专校长任凯南，一生从事教育工作，爱生如子。深夜闻讯学生运动领导人刘士奇被捕，一跃而起，连夜叫人备车去见省长赵恒惕。任凯南一生精研西洋经济史和西洋经济思想史，其造诣被经济学界誉为南任（凯南）北马（寅初），是世界"发展经济学"的鼻祖，在当时的社会各界具有很高的声望。

任凯南身着长衫，手持拐杖，一脸严肃，径直来到了赵恒惕的官邸。

赵恒惕知道来者不善，但又忌惮任凯南的声望，不得不强打起精神，笑脸接待。

任凯南一进接待室，就怒气冲冲地对赵恒惕说："家长把学生交给我，我有责任保护学生的安全，我要把学生领回去，交给他的家长。"

赵恒惕打着哈哈，敷衍道："贵校学生在外聚众闹事，任校长你要加强管教呀！"

任凯南当即反驳："学生在校外的事，学校怎么能负责呢？学校是学生学习的地方，乃文明之地！你派兵包围学校，打伤并抓走学生，这成何体统？！"说完，任凯南拄着拐杖气呼呼地走了。

赵恒惕被骂得坐立不安，脸上不禁红一阵，青一阵。

"赵恒惕去商专抓人了，还打伤了学生！"一时间，长沙城舆论大哗，各界人士纷纷谴责赵恒惕的卑劣行径。

在任凯南校长和以郭亮为代表的党组织的多次交涉下，赵恒惕无可奈何地释放了刘士奇。

同学们从监狱中接出刘士奇，像迎接凯旋的英雄一般将刘士奇接进学校。大家纷纷前来问候他的伤势，他淡然一笑："为了国家和民族的尊严，受点皮肉之苦，算得了什么。"

刘士奇的爱国行为，深得各学校团体的钦佩和支持。不久，他被选为湖南学生联合会总务部主任。

1923 年 6 月 20 日，上海《申报》报道：刘士奇为"六一"惨案外交后援会临时主任，并被捕入狱。

## 三 秘密入党

1924 年，刘士奇从商专毕业。校方介绍他到长沙大西门一家英国洋行做事，月薪 30 块光洋。同学们都为他得到这份高薪而高兴，问他何时到职。刘士奇却坚决回答："我决不做买办，更不去当洋奴。"他在人生道路的抉择上，舍弃了唾手可得的舒适与安逸的环境，坚定地踏上了披荆斩棘的革命道路。

从参与组织学生爱国活动，到查禁日货；从"六一"惨案中的游行，到与军阀赵恒惕的斗争，在每一个重要的转折关头，郭亮、夏明翰都给了刘士奇以点拨，而刘士奇的每一次进步、每一次成功，郭亮、夏明翰也都看得清清楚楚。当看到刘士奇已经从一个青年学生完全转化为一个共产主义战士的时候，郭亮便及时与夏明翰研究，准备介绍刘士奇加入中国共产党。

这年夏天，湘江水慢慢地涨到了橘子洲头，碧绿的江水、郁郁葱葱的橘林，把高高耸立的岳麓山衬托得更绿、更翠。

在千年学府岳麓书院附近的一间民房里，郭亮、夏明翰秘密召开了一个积极分子会议，学习党的文件，布置工作。散会后，刘士奇被单独留了下来。

看到身边没有其他人了，郭亮望着刘士奇，语气深沉、目光炯炯地说："根据你的表现和要求，经我和明翰介绍，中共湘区委员会已经批准你加入中国共产党。从现在起，你就是共产党员了，你要以一个共产党员的身份严格要求自己，积极参加救国救民的斗争！"

夏明翰走上前拍着他的肩膀，用力拥抱着："祝贺你呀，士奇，欢迎你加入到革命的大家庭！"

听了这席话，刘士奇心跳加快，血一阵阵地直向上涌。他像一个士兵一样笔直地站着，心中默默发誓："为了党的事业，一定贡献自己的毕生精力，甚至生命！"

在返程的路上，郭亮把他送了一程。他简要地向刘士奇介绍了党对每个党员的要求，要绝对保守党的秘密，哪怕是掉了脑袋，也不能叛党。

刘士奇默默地走着，默默地听着。

走出一片树林，郭亮停住了脚步。在临分手的时候，刘士奇禁不住握住了郭亮的手，语气激动地说道："我一定记一辈子！"说完，他双手用力握了握郭亮的手，转身向山下大步走去。

同年8月，刘士奇受中共湘区委员会派遣，到株洲开展建党工作。9月12日晚，他在株洲杨氏墓庐的阁楼上，主持了农运积极分子汪先宗入党宣誓仪式。随即，帮助建立了中共湘潭县八叠乡党支部，列为中共安源地方委员会领导的第八支部。接着，还帮助成立了八叠乡秘密农会，由汪先宗任总干事。

翌年春，刘士奇受共青团湖南区委的委托，去株洲发展了团员19人，建立了共青团株洲特支，代号"株特之"，由他任书记。是年8月9日，共青团安源地委改选，刘士奇被选为候补委员，负责学生部工作。接着，发生了"九月惨案"，安源工人俱乐部被赣西镇守使李鸿程武力查封，6名工人被枪杀，近百人受伤或被捕，共青团安源地委除刘士奇和黄五一两人外，其他委员不是被捕就是出走，刘士奇和黄五一遵照中共湘区委的指示，成立了"安地事件善后委员会"。为了尽快恢复团组织活动，他俩在醴陵、株洲一带联络失散的团员和青年工人。至11月初，终于恢复了共青团安源地委，刘士奇又当选为委员。

这年底，刘士奇奉命回株洲工作。不久发生了八叠乡劣绅汪孝逵勾结军阀杀害共产党员、农民总干事汪先宗的事件。刘士奇闻讯，极为愤慨，迅即与湘潭县第一区党部委员杨昭植前往八叠乡慰问烈士的亲属。同时，安排八叠乡党支部书记易春庭和汪泽凯赴长沙向中共湖南区委汇报情况，请求指示。刘士奇亲自写状纸，鼓动烈士亲属向湘潭县知事公署呈交状文，鸣冤申诉。他还与湘潭地委同志商议，迅速发动各公开团体开展抗议活动。

1926 年 2 月 21 日，刘士奇受中共湖南区委的委托，在有全省工会、农会、学校团体代表和群众近万人参加的汪先宗烈士追悼大会上讲话，他愤怒地谴责了赵恒惕军阀政府的罪行，强烈要求严惩杀人凶手，号召大家为死难烈士报仇，把追悼会开成了对赵恒惕政府的声讨会，唤起广大群众投入革命斗争的洪流。会后，刘士奇被选为驱赵反帝委员会湘潭分会会长，并组建了汪案鸣冤委员会，在湘潭县范围内掀起了一场波澜壮阔的驱赶赵恒惕的群众运动。

不久，刘士奇在新成立的中共湘潭地方执行委员会（第一届县委）担任执行委员。

## 四　迎接北伐军

1926 年，国民革命军出师北伐，很快就打到湖南。军阀叶开鑫将重兵集结于长沙，企图负隅顽抗。

正在长沙从事工人运动的郭亮等共产党人，为配合北伐军的正面行动，决定从背后积极打击军阀叶开鑫。为了加强组织力量，郭亮电告刘士奇速来长沙。

刘士奇赶到长沙后，郭亮召集共产党员开会，要求他们分别到工人群众中去，宣传革命大好形势，广泛发动群众，积极组织群众同敌人作斗争。工人们听说要配合北伐军赶走叶开鑫，都感到非常高兴。在郭亮、刘士奇等人的组织安排下，缝纫工人连夜制作了两万多个"国民革命军"和"湖南工人保安团"的袖章；泥木工人在全城收集了数筐打野兽用的炸弹；印刷工人通宵达旦地印制传单和其他宣传品；人力车工人也行动起来了，他们拉着车子在街里街外、大街小巷跑着，探听消息，侦察敌人的位置、人数及动向。

仅用了一天一夜的时间，全长沙城的工人都做好了与叶开鑫展开斗争的一切准备。

一天早晨，长沙城几乎所有的街道上，忽然贴满了征讨军阀的标语："打倒军阀！"、"叶开鑫不投降就叫他灭亡！"这些标语不仅贴在大街上、电线杆上、大树上，还贴到了叶开鑫的办公楼和家门口。

叶开鑫怎么也没有料到形势会变得如此突然。他立即命令他的省会戒严司令在全城实施戒严，实行严格的检查搜捕。

可是，在郭亮、刘士奇等人的领导和指挥下，组织起来的工人们不仅没被气势汹汹的敌人所吓倒，相反，他们按预定计划，当敌人的巡逻队和搜捕队出现在大街上的时候，建筑物里的工人们就把预先准备好的炸弹从开着的窗户扔出去。炸弹爆炸了，敌人吓蒙了。这个时候，躲在门后面的工人们趁着炸弹爆炸后的烟雾，马上冲了出去，从慌乱的敌人手中夺下了枪支。

一时间，全长沙城的街上，炸弹隆隆，杀声震天。军阀的巡逻队和搜捕队很快就失去了威风，他们死的死，伤的伤，丢了旗，丢了枪，活着的，能跑的，东奔西窜，到处挨打。

学生们也鼓动起来了，一个个摇旗呐喊："北伐军进城了！""叶开鑫完蛋了！""缴枪不杀！"更使叶开鑫捉摸不透的是，他的部下不断地报告："在许多地方都发现了戴着'国民革命军'袖章的人，到处都飘起了'国民革命军'的大旗。"

叶开鑫根据这种种迹象推断："一定是北伐军穿着便衣打进城来了。"想到这里，他吓得直哆嗦。他抓起电话想向有关部门询问情况，但电话不通了，原来电话线早被工人切断了；他叫人去拍电报，请求援助，但电报局已被戴着"工人保安团"袖章的工人占领了，电报发不出去了。他询问粤汉铁路的情况，回答是铁路交通完全中断。他问军队的情况，回答说士兵和军官都惊慌混乱，不知如何是好。

郭亮、刘士奇指挥人民群众用一些"土办法"造成了北伐军攻打长沙的假象，使敌人军心动摇，不战自溃。

叶开鑫惶恐不安，正在准备开溜之际，北伐军中路第八军第三师、教导师、鄂军第一师连克湘乡、湘潭后，第三师于7月11日进占长沙，俘敌2000余人。叶开鑫惊慌失措，急忙下令撤军，坐上军舰向北逃跑了。长沙就这样被占领了。

9月，在北伐胜利的凯歌声中，刘士奇受党的指派，以国民党湖南省党部农运特派员的身份，来到岳阳领导农民运动。

工人阶级在共产党领导下的罢工斗争

# 第三章

# 农运兴波，洞庭湖波澜壮阔

## 一　农运红红火火

话说刘士奇受党的指派回到岳阳。同他回到岳阳的，还有陈步凡、唐曦明等进步青年。此时，正是国共合作的"蜜月期"，在"打倒军阀、打倒列强"的口号下，人民群众的革命热情高涨。刘士奇浑身上下有使不完的劲，但此时的他并没有衣锦还乡的感觉，如火如荼的革命形势让这位年轻人意气风发、斗志昂扬。他顾不上回家看看，而是抱着高度的责任感与使命感，抓紧与岳阳地下党组织的负责人取得了联系；接着，以原地下党组织为基础，建立中国共产党岳阳地方委员会，代号"岳迪伟"，即谐音"岳地委"的意思，刘士奇任书记。地委办公地点设在铁炉街童南邦公馆（现岳阳 3517 工人俱乐部后），管辖岳阳、临湘两县。

刘士奇受到岳阳各界人士的热烈欢迎。大家急于听到最新的国内、国际革命形势，国民党岳阳党部、学生联合会、商会等党派团体，纷纷邀请他作报告。刘士奇知识面广，语言流畅，报告深入浅出，娓娓动听，深受大家的钦佩。许多进步青年追随其左右，跟着他投入革命运动。

当时，国民党岳阳党部成立还不到一个月，工作繁重，应接不暇，为了加强领导，利于运动的展开，刘士奇请示省党部同意，将岳阳党部改为岳阳县党部筹备委员会。至此，他的公开身份是国民党湖南省党部农运特派员及岳阳县党部筹委会执行委员，隐蔽身份是中共岳阳地委书记。他利用这种跨党及身兼数职的特殊条件，不仅安排了一批共产党员作为县农运特派员，被派往各区、乡领导农运工作，同时还联络了一批国民党左派人士，如周希武、彭德基等，有力地推动了革命事业的发展。

刘士奇经常深入全县各区、乡巡视，了解和解决问题。乡间驿道上，经常留下他骑白马、挎短枪，威风凛凛驰骋的英姿。当他获悉第八区（新墙一带）农民协会成立时，发生了两个家族的对抗，他立即带人赶赴新墙，发现是地主家族平日欺压佃农家族，而佃农家族现在则是反对地主家族中的农民加入农民协会。刘士奇认为，两大家族中的农民应该团结一致，共同对敌。于是，他指示区领导人唐曦明组织力量，把恶霸地主汪柏材抓起来游乡示众。通过斗争汪柏材，有力地打击了地主阶级的反动气焰，教育了两大家族中的贫苦农民，使他们分清了敌友，共同加入了农协会。这样一来，区农民协会便顺利地建立起来了。

中国是一个历经了两千年封建社会的国家，其分散自给的小农经济，决定了农民和平时期一盘散沙、造反时期抱成团的特点。

"共产党派来了刘士奇，在岳阳搞农运，是我们农民翻身求解放的带头人！"刘士奇的家乡——黄秀的父老乡亲们奔走相告。很快，刘士奇在乡亲们的期盼中来到了黄秀。农民兄弟纷纷涌到刘士奇的家里，听刘士奇介绍革命形势，小村子里人来人往，像过年一样热闹。刘士奇的哥哥刘齐正乐得合不拢嘴，跑进跑出，打来烧酒，泡起芝麻豆子茶，招待各位乡邻。刘士奇的讲话鼓舞人心，大伙儿听完后摩拳擦掌，跃跃欲试。一位老人拉着刘士奇的手夸奖道："士奇呀，共产党为穷人打天下，分田分地，这是开天辟地的大事呀，我们郎中屋出了人，你的功劳必在黄秀之上啊！"

刘士奇谦虚地摆摆手，连忙说道："老人家过奖了，现在革命尚未成功，何谈功劳啊！"

刘士奇利用工作宣传之便，先后看望了他的老师潘琼楼、周士铨等人，与他们亲切交谈，向他们宣讲了革命道理。潘琼楼、周士铨等人深受鼓舞，周士铨引用李贺诗夸赞刘士奇："请君暂上凌烟阁，若个书生万户侯。"刘士奇朗声答道："不求图画凌烟阁，只为家邦致太平。"

刘士奇因势利导，在黄秀成立了农协，办公地点设在黄秀九元刘必选屋，活动场所有房屋六间。刘士奇选出了骨干，组织农民与当地的土豪劣绅开展了斗争。刘凯基在刘士奇身旁担任警卫，刘昌山担任儿童团团长。

当地贫苦农民彭述圣，有胆有识，为人忠诚正直；刘士奇对他进行了考察、谈话，帮助他提高思想觉悟。彭述圣深受启发与教育，进步很快，不久，便担任了黄秀农协负责人。

有一个叫杨旭初的劣绅，欺男霸女，鱼肉百姓，横行乡里，无恶不作，老百姓恨之入骨，但又敢怒不敢言。这次，杨旭初眼看着农协搞得热火朝天，想到自己平时劣迹不少，害怕农协找他算账，心里直打鼓。他放下架子，厚着脸皮找到彭述圣，邀请彭述圣到他家去喝酒，并许诺，只要农协放他一马，他奉送彭述圣光洋一百圆。

彭述圣"啐"了他一口痰，骂道："放你娘的屁，你把我彭述圣看成什么人了，做你的美梦去！"

绝望中，杨旭初收拾金银细软出逃，被彭述圣带领农协一班人抓获。

第二天，农协在杨家大屋搭起台子，将杨旭初捆在柱子上，召开了万人批斗会。

杨旭初不死心，翻着一双死鱼眼睛，盯着彭述圣阴阳怪气地问："你就是彭述圣？"

彭述圣怒火中烧，大踏步上前，捆了杨旭初一个耳光，大声说道："老子彭述圣，行不改名，坐不改姓！"

"好，打得好！"台下从四面八方赶来的百姓纷纷鼓掌叫好。

杨旭初耷拉着脑袋，再也没有了刚才的嚣张气焰。

农协运动从此轰轰烈烈开展起来。农协焚烧借条契据，农民不还债，不交租，不还粮，批斗土豪劣绅。

在刘士奇的努力下，短短两个多月时间里，岳阳县农民协会、工会、共青团、妇女联合会相继建立。到次年3月，区农民协会已发展到20个，乡农民协会80多个，农协会员达10万余人；工会会员拥有3400多人。同时，党的组织也有了较大发展。全县城乡已建立党支部30多个，到马日事变前，共发展党员800多名。成立了临湘县委，岳阳城乡则建立了武庙、柴家岭、新开塘、荣家湾、黄沙街、新墙、筻口、步仙桥、饶村等30多个支部，直属地委领导。

刘士奇在洞庭湖畔领导的农运转瞬间兴起壮阔波澜，关键在于当时的旧中国农村人口中"贫农占百分之七十……他们既无土地，又无资金，完全失去了生活的依据……"，这些"上无片瓦，下无插针之地的人"相对于占据乡村大片田地山林的乡绅来说，是一种"打赤脚不怕穿鞋的人"，"他们最听共产党的领导"。

1927年2月，岳阳县第一届国民党代表大会召开，正式成立国民党岳阳县党部，选举彭德基为常务委员，组织部长钟垄、宣传部长王品三、青运部长李浓、商业部长周勉之、秘书谭际英、委员李香山等。

岳阳轰轰烈烈的农运，引起了共产国际驻中国代表鲍罗廷的高度重视。县党部成立这天，鲍罗廷在国民革命军总政治部主任邓演达的陪同下，乘一架小型螺旋桨飞机，从广州出发，一路越过山川、田野，最后降落在洞庭湖滩上。刘士奇带领100多人来到湖滩迎接，城里城外的老百姓呼啦一下子涌来了上千人。当然，大家的主要目的不是看外国友人，而是围着这只长了铁翅膀的怪物指指点点，兴奋异常。这一天，岳阳城里城外彩旗招展，锣鼓喧天。

这里有必要交代一下鲍罗廷和邓演达的身份：

鲍罗廷是一位著名的布尔什维克。1923年9月，被苏联政府派遣到中国，帮助国民党的改组工作，任共产国际驻中国代表、苏联驻广州革命政府代表，孙中山国民政府的首席政治顾问。他提出改组国民党的具体计划，推动了国民党的改组和第一次国共合作的形成。同时协助孙中山创办黄埔军校。当蒋介石反动面目暴露后，他支持国民党二届三中全会采取的制裁措施。1927年4月，蒋介石进行反共清党后，对鲍罗廷等发出通缉。同年10月，他回到莫斯科，曾任苏维埃劳动人民委员。1949年2月因美国记者斯特朗"间谍案"受株连被捕，1951年5月死于伊尔库茨克的一个劳动营中。后来，苏联为他恢复了名誉。

邓演达，国民党左派领袖之一，广东惠阳人，出身农民家庭。毕业于保定军官学校。孙中山的忠实追随者。1924年5月，黄埔军校成立时，任训练部副主任兼学生总队长。他尽力于革命任务的宣传和训练，对学生进行革命思想教育，深受学生爱戴，但受到蒋介石排斥打击。北伐开始后，任国民革命军总司令部政治部主任，率政工人员随军出征，参加指挥作战。3月，在国民党二届三中全会上，在中国共产党的推动下，邓演达、宋庆龄等国民党左派共同努力，促使会议通过了抑制蒋介石独裁的决议，撤销了蒋介石国民党中央常务委员会主席和军事委员会主席的职务。蒋介石对他怀恨在心，"四一二"反革命政变后，诬称邓演达为煽动暴乱的代表人物之一，下令通缉。邓演达于当年8月到达莫斯科。1930年5月，邓演达回到上海，秘密组织了黄埔革命同学会，筹划了一系列反蒋军事活动。1931年8月，邓演达在上海被蒋介石逮捕，并被解送南京关押，后被秘密杀害。

　　国民党委派这两位重量级的人物亲自来岳阳出席成立大会，足见最高层对岳阳革命形势的肯定和对刘士奇工作的肯定。

　　刘士奇主持召开了岳阳第一届国民党员代表大会，正式成立国民党岳阳县党部。选举前，他主动提出不再担任县党部执行委员，提议此席由国民党左派人士彭德基担任。邓演达在县党部成立会上讲了话。

　　不料，在选举过程中，原筹委会的国民党右派人士蓝豫因落选，竟纠集少数人大闹会场。刘士奇当即挺身而出，历数了蓝豫的不良表现后，把他轰出了会场。大会达到了预期的目的。

　　中共岳阳地委建立后，革命活动异常活跃。

　　刘士奇认真执行党的统一战线政策，不断加强党的组织建设，扎扎实实地工作，全县的农民运动卓有成效地向前发展。

　　1927年3月，在中共岳阳地委领导下，岳阳县农民协会正式成立，主席廖贞，会址设在翰林街学坡岭。全县共有区农民协会20个，乡农民协会87个，发展会员达10万人之多。

岳阳县农民运动讲习所旧址，今为岳阳市洞庭北路天主教堂。

3 月，刘士奇领导地委一班人着手改编县团防局，将团防局内出身贫苦、有一定政治觉悟的人员进行重点教育与改造，将部分二流子清除出去，在此基础上，正式成立了岳阳县农民自卫军，拥有一百多条枪支，任命徐坚石为农民自卫军主任，徐炳如为总队长。

3 月，县特别法庭成立，在东门操坪举行了万人公审大会，处决了劣绅彭徇儒、杀人凶手方树溪、不法盐商罗子春三名罪犯。

4 月，地委又创办了农民运动讲习所，刘士奇任所长，所址设在双井巷南（今岳阳市 3517 工厂大门外）天主教堂内。有学员40 多人，学习时间一个月，学习内容有《湖南农民运动考察报告》、《海陆丰农民运动经验》等。

4 月，共产主义青年团岳阳地方委员会成立。领导和团结青年学生进行革命宣传，监视贪官污吏、土豪劣绅的破坏活动，深入检查，禁止吸食鸦片和打牌赌博行为，收缴各鸦片馆和私人的吸毒工具。县妇女界联合会成立后，积极开展了放足、反对虐待童养媳、反对纳妾蓄婢等活动。

岳阳城乡，社会风气为之一新。

# 二　风云突变

1927 年，是中国近代史上最为动荡的一年，历史的长河在这一年是如此的迂回曲折，让一些事情大起大落，让一些人的人生轨迹从此彻底改写。在这个多事之秋的不安回旋中，所有的格局都被打破，使得一些一辈子都可能不会碰面的人突然之间变得亲密无间，也使得一些本来亲密无间的朋友和亲人一夜之间反目成仇，而历史就这样被创造着，被推动着……

5 月 17 日，国民革命军独立第 14 师师长夏斗寅在湖北宜昌叛变革命。临湘县团防局获悉后，第二天就组织300多人持枪从羊楼司出发，兵分三路进攻临湘县治陆城。第一路经五里牌直逼县城，在五里牌枪杀了聂市区女界联合会主席赵飞英。第二路经聂市、黄家畈进攻县城，在聂市枪杀了县女界联合会主席黄淑。第三路经杨林畈、路口铺猛扑陆城，攻占农会和农运讲习所。县农民协会委员长、党组织负责人李中和与县农会和农讲所工作人员在撤往云溪途中，被反动团防前后拦截，除11人冲出包围脱险外，其余全部被捕，李中和被团匪枪杀，并被斩断双腿，剖腹剜心。

21日，国民革命军第三十五军第三十三团团长许克祥在长沙发动反革命政变，调动军队向国民党湖南省党部、省总工会、省农民协会、省特别法庭和省、市党部机关发起突然进攻，收缴工人纠察队的武器，释放在押土豪劣绅，疯狂地进行反革命大屠杀。70多个革命机关被捣毁，100多名共产党员、国民党左派人士和革命群众被杀害，许多人被逮捕。

因21日的电报代日韵目为"马"字，所以这次长沙的反革命事变被称为马日事变。

马日事变后，岳阳的国民党反动派立即遥相呼应，大肆扼杀革命势力，血腥镇压工农群众。岳阳人民在刘士奇等为代表的党的领导下，团结一致，采取应变措施，与反动势力进行不屈不挠的斗争。

临湘反动团防为斩尽杀绝共产党人和工农骨干，成立"临湘县铲共指导委员会"，并四处派人侦缉和发出函捕令，清查共产党员和农运骨干，许多逃到外省、外县的同志也很难幸免。反动团防和"左社"余孽，更是穷凶极恶，每天要处死十几人。杀人的手段极其残忍，除各种酷刑外，还有下"汤丸"，即把被害人捆住手脚，装入麻袋，抛入长江石矶头的急流中。马日事变前后，临湘县被杀害的共产党员有40余人，被杀的工农骨干和革命群众则多达200余人。

25日，武汉国民政府派谭平山、陈公博、彭泽湘、周鳌山、邓介松及苏联总顾问鲍罗廷等赴湘调查马日事变真相，次日零时抵达岳阳。岳阳驻军负责人到车站迎接，告知湖南方面不许代表抵长。翌日，湖南当局来电嘱将5位代表就地处决。三十五军第一师师长周磐将电报交给各代表观看，并劝代表们立即返汉。

湖南的国民党反动派一面进行全省大规模的血腥镇压，一面恢复湖南反革命政权，组织"救党委员会"，通令全省恢复团防武装，摧毁农会等革命群众组织，捕杀共产党员和工农群众；还通告各县、市国民党党部组织分会，实行清党，规定所有国民党员均须重新登记。

平江县代理县长曹修礼闻讯马日事变，马上宣布"所有机关团体立即停止一切活动"，并积极策划清党和屠杀共产党人与工农群众的反革命阴谋。24日清晨，平江反动势力突然围攻浯口农会、工会、妇女会、半日学校等革命机关、学校，扣押共产党员。不久，省"清党委员会"派员至平江查封解散县工会、农会及各乡农会。7月上旬，平江县国民党县长王紫剑、清乡司令阎仲儒在"宁可错杀三千，不能放走一个"的口号下，大肆"清剿"，捕杀了县农会委员长刘肱臣等20多位革命同志和工农群众1000余人。

5月23日，湘阴县的反动官僚、土豪劣绅和国民党右派，互相勾结，阴谋向革命群众发动进攻。6月上旬，国民党湖南省政府任命周咏康为湘阴县县长。周咏康到任后，立即纠集反共势力，大打出手，扑灭在工农运动中燃烧起来的革命烈火。他指令各地组织清乡队，各乡乡长兼清乡队长，配以走卒，四处捕人，还将县党部改为"救党委员会"，进行清党，打击和迫害国民党左派。又先后数次呈报省府，要求向全省发出训令，通缉傅光夏、彭国梅等数十名"共产党首要"。这一时期，湘阴县被关押的共产党员和各级农会干部等达 70 余人，被杀害的共产党员和工农骨干 30 多人。革命队伍内部也出现分化，有的出走他乡或就地隐蔽继续进行革命活动；有的隐姓埋名脱离革命；有的贪生怕死投靠国民党反动派，成了可耻的叛徒。

华容县逃亡在外的土豪劣绅，闻讯许克祥叛变，随即结伙跑到长沙，请来一个连的兵力，于 6 月 24 日到达华容，配合团防武装到处捕人杀人，将华容县农民自卫军副总指挥、城郊农民协会执行委员长蔡大勋捕杀后，剖腹剜心，曝尸示众，头悬西门，肠挂东门，残暴至极。当晚又袭击何坤领导的革命武装。第二天，土豪劣绅拼凑"救党委员会"，并组织流氓地痞及豪绅走卒，到处捕杀革命人士。接着，各区、乡土豪劣绅也都卷土重来，组织团防武装到处捉人杀人。华容县在马日事变后不到一年的时间里，就有 860 余人遭到血腥屠杀。

在岳阳县黄秀乡，以杨旭初为代表的劣绅又神气活现起来，他们勾结国民党反动派，对农协骨干分子进行了疯狂报复，彭述圣被国民党反动派抓住后，残酷杀害。

7 月 15 日，汪精卫在武汉召开国民党中央常委扩大会议，决定"分共"，同共产党决裂，公开背叛孙中山决定的国共合作政策和反帝反封建纲领。白色恐怖同时笼罩岳阳境内各县，大批共产党员和工农骨干、国民党左派惨遭捕杀，党团及群众组织被破坏，岳阳各县已形成的国共合作的统一战线均告破裂，轰轰烈烈的大革命在腥风血雨中失败了。

马日事变和国民党反动派的一系列反革命暴行，激起了境内全体共产党员和工农群众的无比愤怒，各县执委立即采取紧急应变措施，给以有力的反击。

5 月下旬，中共湘阴县地方执行委员会、县农民协会和县总工会的负责人及国民党县党部中的共产党员与左派人士吴本德、傅光夏等主要负责人撤离县城，转移到袁家铺。由吴本德主持在附近的石竹坡召开应变会议，决议兵分三路继续进行活动：吴本德等人参加"湖南请愿代表团"，到长沙、武汉去请愿，要求讨伐制裁"马日事变"的许克祥等刽子手，恢复革命群众组织，并确定由彭国梅接任县委书记；一部分人就地隐蔽，待机行动；还有部分负责人转移到新市，会合县工会委员长杨寿昌在那里组织的第四路义勇军，坚持斗争。不久，去武汉请愿的吴本德等被动员返回湘阴，其所有成员组成湘阴大队，他们回到新市街，配合各方面力量，组织短训班，通过串联，发动和组织了有2000余人参加的游行示威。高呼"梭镖亮堂堂，擒贼先擒王，打倒蒋介石，活捉许克祥"的口号，威震四乡。不久，在敌人的疯狂反扑下，新市及周围的群众斗争被镇压下去，杨寿昌率领的义勇军坚持斗争20余天后也被打散。

由于华容县远离长沙，交通不便，中共华容县委得知马日事变的消息较迟。两天后，在中共常德地委指导农运工作的蔡协民等人躲过敌人的搜捕，回到华容，报告马日事变的消息。县委即召开紧急应变会议，公开反对蒋介石，声讨许克祥；加强对农民自卫军和工人纠察队的领导，继续打击反动势力，巩固农民协会、工会等革命组织；坚决支援省城人民的斗争，收复长沙，保卫华容。当川军杨森部获悉马日事变消息，自石首向华容进犯时，何坤、刘岳云等率农民自卫军奋起抵抗，击退敌人的进攻。但终因反革命力量过于强大，华容的形势日趋紧张。县委决定主要负责同志分散活动，发动群众打击土豪劣绅。6月，去长沙寻找省委的同志得知省委主要领导人已去武汉。蔡协民当即决定，再去武汉寻找省委；并通知何坤等人尽快撤离华容。同时，各区党组织和农民协会也采取了一些应变措施，组织共产党员和农运骨干开会，号召同志们依靠群众，坚持斗争。

## 三　积极反击

刘士奇委派县农会委员谭晓曙，到长沙探听马日事变后的情况。谭晓曙看到省总工会、农会均遭破坏，随即返岳。县执委急忙召集紧急会议，参加会议的有中共岳阳县地方执委、国民党县党部成员及县级各群众组织负责人，还邀请了县长何峙文、北伐军团长兼岳阳警备司令周希武参加会议，讨论应变问题。因与上级失去联系，会议未作出应变方案。会后，即马日事变后第四天，周希武接到了省政府密电，指示捕杀共产党员，但周当时倾向革命，即通知部属将这一情况告诉岳阳共产党组织领导人刘士奇。刘士奇即派人迅速通知各区农运特派员及临湘县农运特派员来岳阳县城开会。

在第二天召开的紧急会议上，刘士奇作出以下应变措施：通知全县各党支部和农协负责人暂停活动，疏散应变；派人给临湘县党组织报信；解散农讲所，学员疏散回家；农民自卫军到新墙集中；妥善处理好文件案卷。同时，安排共产党员迅速转移或隐蔽。会后，县执委组织部长孙稼和文书干事陈步凡，将党的机密文件和党员名册连夜转移到湖滨双十中学埋藏，这算是一段惊心动魄的历程。

刘士奇会后还用老式书信纸，写了一份启示，命人贴在竹荫街十字路口的电线杆上，启示曰：

敬启者，因近日长沙发生军民冲突，士奇奉命前往调解。士奇一走，土豪劣绅又会造谣，不曰士奇被某师扣留，即曰如何如何，以图扰乱革命秩序。兹特警告不法土劣，如有胆敢造谣生事者，士奇回岳，决不宽贷！

刘士奇布置好应变措施后，与县农民自卫军主任徐坚石及张子清率领农民自卫军 100 余人，迅速离开县城，移驻七十里路外的新墙。刘士奇风尘仆仆地赶到新墙，来不及擦拭脸上的汗水，就约上新墙区农协委员唐曦明，一块儿视察地形。

唐曦明将刘士奇带至新墙河沿线察看，两人先沿着新墙河南岸河堤步行。新墙河是一条美丽的河。在青苔遍布的灰白色石条之间有着一条条弯曲的坡道，下去便是河滩，到处都是珠蚌坚硬的尸壳和闪烁着白光的磷砂，被水浪冲击的鹅卵石牢牢地嵌在松软潮湿的泥沙里，向下游辗转延伸，形成了一条灰色的曲岸。再下去，便是微风吹拂的波光粼粼的河流。南发源于平江板江、北发源于临湘龙源的新墙河，汇于筻口三港咀，涓涓滴滴，逶迤而下，像一根乳汁充盈而饱满的藤蔓，一直伸展到百公里外的洞庭湖。河两岸一个个的村子星罗棋布，像藤蔓上吊着的鼓鼓胀胀的瓜果。

两人穿过熙熙攘攘的新墙集市，来到相公岭。相公岭是一个相对突出的山头，左右都是起伏的山脉，往下可以俯瞰新墙集市与新墙河，刘士奇认真地察看了一会儿，连声说："这倒是一个打仗的好地方，进可攻，退可守呀。曦明，你看呢？"

"是呀，太平天国的将士们曾经在这里与清兵激战过呢！"唐曦明接过了话茬，又反问道："士奇，你知道这里为什么叫做相公岭吗？"

刘士奇微微一笑，思忖了一会儿，朗声吟道："香草环生，此地曾留夫子迹；楚王何在？至今犹道相公家。"

唐曦明连连点头："士奇真是好记性，相公岭上以前建有相公庙，这副对联表达了人们对他的怀念呢！"

两人俯视着脚下热闹的集市与白缎子一样的河流，不再说话。夕阳西下，古朴的小镇沉浸在落日的余晖里，像一幅古色古香的画卷；历史里的新墙河该是多么美丽呀：锦鳞游泳，波澜不惊，微风拂岸，稻谷飘香，杨柳依依，百鸟闹林。

可惜，创造着历史与生活的劳动人民却不能享受劳动的成果。战争的阴霾已经笼罩在岳阳的上空，好似一有风吹草动就会沉沉地压下来。

"长太息以掩涕兮，哀民生之多艰"，屈夫子忧国忧民的情怀深深地揪住了刘士奇的心。

第二天上午，在新墙相公岭学校操场，刘士奇检阅已集中的农民自卫军，他计划带着这支队伍去湘赣边界打游击，所以，向农民讲了话。不料，他讲话还未结束，一些人则起哄索要军饷，顿时发生骚动。检阅草草收场。当晚，刘士奇召集党员骨干会议，认为这支队伍不可靠，决定就地解散，并要大家自行隐蔽起来。

第三天上午，刘士奇带着焦急的心情离开了新墙，和警卫员策马往岳阳方向飞奔而去。

## 四　潜伏

马日事变后，共产党人遭到了国民党反动派的捕杀和通缉。岳阳大好的革命形势遭受到血雨腥风的考验。6月底，周希武因庇共嫌疑被调离，接防的是一位反共干将。麇集在县城的地主豪绅、反革命分子李振湘、戴绍先、高怀邦等在驻军的支持下，公开组织岳阳县"救党委员会"，篡夺县党政领导权，开始进行清党反共。同时，隐蔽在革命阵营中的反革命分子，"左社"成员包泽兰、王品三、高鸿均等都公开活动，成为岳阳反动派屠杀革命志士的帮凶。据统计，大革命失败后，岳阳县惨遭杀害的共产党员、革命群众有539人，这个血淋淋的数字令人触目惊心，这是国民党反动派在岳阳犯下的滔天罪行。

"活捉刘士奇，赏光洋一百圆。"在岳阳南正街的街口扯着这样一条横幅，有气无力地在风中摇晃着。

南正街李大河笔庄，是当时岳阳街上有名的商铺，经营的"李大河"牌毛笔在湘北地区久负盛名。笔庄雇用了十几个伙计，日夜加工赶制毛笔，每天前来购货的商贩络绎不绝，门庭若市，生意兴隆。

饱读诗书的刘士奇，写得一手好字，数次光顾李大河笔庄购笔，与这里的老板、伙计交上了朋友。就在国民党反动派狂妄叫嚣到处抓捕刘士奇的时候，刘士奇选择了这个地方作为共产党岳阳地委的临时驻点潜伏下来。最危险的地方才最安全，刘士奇深谙此道。他眼睁睁地看着轰轰烈烈的农运被反动派扑杀，昔日的革命同志和农运骨干分子被反动派捕杀，心中不由得怒火中烧，他恨不得立刻冲出去与敌人拼个你死我活，但对敌斗争的丰富经验告诉他：革命的道路从来不是一帆风顺的，越是艰难的时候，越能够考验一名共产党人的坚强意志。

在与上级组织失去联系的情况下，刘士奇潜回岳阳城，静观其变。在刘士奇看来，李大河笔庄是一个比较可靠的据点。原因有三：其一，笔庄李老板是一个较为开明的绅士，刘士奇到达岳阳后，多次与之谈话，李老板本人同情农运，倾向革命。其二，笔庄里的十多个伙计都是贫苦农民，有几个是农协活跃分子。其三，笔庄的伙计刘钟煌是黄秀郎中屋人，是刘士奇的堂兄和发小，忠实可靠。

从当街铺面经过制笔作坊，再穿过一个露天晒笔的地坪，里面有一溜低矮的杂屋，靠西边的一间是刘钟煌的住处，敌人一般不能轻易发现，即使情况有变，从当街前门进来也要一会儿，尚可应变。

这几天来，刘士奇就隐藏在这里，虽然他表面上波澜不惊，但内心实则颇为焦灼。现在革命斗争正处在低潮之中，我党正处于生死存亡之际，怎么办？他的脑海里突然冒出了明末清初哲学家方以智的几句话来："有小人乃以磨砺君子，刀兵祸患为有道之战锤。故曰：危之乃安，忘之乃存；劳之乃逸，屈之乃伸。"针对目前严酷的斗争形势，我们只能暂时转入地下，才能"屈之乃伸"。想到这里，他不由得在心里决定，一是要积极与上级组织取得联系；二是要主动转入地下；保存革命实力；三是要讲究斗争艺术，坚持开展与国民党反动派的斗争，积极恢复党的活动。

正在这时，木门"笃笃笃……笃笃笃"轻轻地敲了六下，这是他与刘钟煌约定的暗号。刘士奇站起来，警惕地观察了一会儿，轻轻开了门，刘钟煌提着小竹篮闪身进来。刘钟煌掏出饭菜，刘士奇接过来大口地吃着，一边询问刘钟煌："外边情况如何？"

刘钟煌犹豫了一下，轻声地说："这次我到了郎中屋见到了你大哥齐正，敌人几次到郎中屋，逼问你的去向，齐正推辞只说不知，被敌人用枪托打伤，还在家中养病。他反复叮嘱我，要你一定注意安全呀！"刘士奇放下饭，两眼圆睁，牙齿咬得切切声响。唯一的兄长为自己受难，刘士奇痛心不已。这些年来，家中遭受了很大的变故。祖父母、父母均先后因病去世，家中全靠哥哥齐正操持，自己读书先后欠下了四百圆的债务，也一并压到了哥哥的身上。现在哥哥又受了伤，还在担心弟弟的安危，想到这儿，刘士奇不禁眼眶湿润了。他静默了一会儿，提笔给哥哥写了一封信。大意是叮嘱兄长少喝酒，多保重身体；共产党员是不怕杀头的，也是杀不绝的，日后总有报仇之日。写好后，他轻轻地折叠起来，封好，交给了刘钟煌。

一天中午，李大河笔庄当街店铺里突然传来吵闹声，一班便衣队员带着长枪短枪闯进来搜捕，恶狠狠地吼道："都不准动，缉拿共党要犯，给老子放老实点，统统接受检查！"原来，有人走漏了风声。笔庄伙计与客人吓得东逃西窜，乱成一团，惊叫声一片。

刘士奇腾地站起来，扔下书本。他早就料到有这一天，因此，尽管危险逼近，他反而显得格外冷静。他掏出手枪，迅速退到后墙，朝窗户望去，只见后街口子上也有几个便衣在游荡。怎么办？刘士奇的脑子飞快地转动。这时，院子里一个准备挑粪的伙计被前门的举动吓坏了，一担装满了大粪的粪桶，搁在旁边，自己则呆立一旁不敢动弹。刘士奇当机立断，打开门将伙计拉进了屋。

一会儿，敌人端着枪咋咋呼呼穿过了院子。

"老总，借光！"只见斜刺里闪出一个中等身材的汉子，头戴草帽，衣着破烂，肩挑一担大粪，一边吆喝，一边冲着便衣队走过来。汉子的衣服上粪迹斑斑，一只死去的大雁吊在扁担上，随着汉子挑大粪的节奏一起晃悠。这时，汉子好像一不小心闪了一下，泼出的大粪散出一股恶臭，便衣队员们狼狈地躲到一边，挥着枪，捏着鼻子喊道："走走，给老子滚到一边去！"汉子挑着大粪晃悠悠地走出了李大河笔庄……

刘士奇急中生智，假扮挑粪的伙计成功脱险，死雁的肚子里藏着一把手枪。

刘士奇顶着烈日和逼人的暑气一路兼程，从岳阳城里沿粤汉铁路走了七十多里路，傍晚时分来到了黄秀福堂村涧林元屋场，这里离郎中屋只有两里路了。

这时闷热的天空一下子乌云密布，一道闪电豁的一下将夜幕撕裂，接着扑啦啦响起几声炸雷，豆大的雨点密密麻麻地砸下来。刘士奇趁着闪电的亮光，躲进了路旁一间废弃的破屋中，全身上下还是被浇了个透。他抹了抹脸上的雨水，悄悄地来到张发桂家的屋檐下，轻声地敲门。张发桂打开门探头一看，大吃一惊，赶紧将刘士奇扯进屋里。

张发桂是刘士奇在家乡念私塾时的同门师兄。那时，刘士奇年纪尚小，头上又长着癞子，经常受到同学欺侮，张发桂比他大几岁，心地善良，经常为他打抱不平，保护他，成为刘士奇的好朋友。在1926年的农协运动中，张发桂响应刘士奇的号召积极参加了农会，是个活跃分子。张发桂赶紧找来一身干净衣服，让刘士奇换上，并给他弄了一点吃的。

看着刘士奇狼吞虎咽的样子，张发桂在一旁心疼地连连摇头，轻声说道："士奇呀，你的胆子真大，敌人到处在抓你呢！"

原来，刘士奇脱险后，敌人气急败坏，到处搜捕，郎中屋场里里外外活动着几批便衣。刘士奇此去岂不是自投罗网？

刘士奇俏皮地抹了抹嘴巴，朝张发桂点点头，不屑地说道："共产党人干革命，早已经将生死置之度外了！"

刘士奇决定杀一个回马枪，连夜返回岳阳，重建党组织。张发桂为刘士奇准备了一些干粮和路费。两人戴着斗篷，穿着蓑衣冒雨出门，不敢举马灯，摸黑走小道。

张发桂一路护送刘士奇来到了十里路外的荣家湾火车站："士奇，麻雀不能跟雁子飞，你放心去吧，家里的事我来帮你照看。"

刘士奇握着张发桂的手，坚定地说："革命总有胜利的一天，刘士奇为穷人翻身解放而死，死而无憾！"说完，他毅然转身，爬上了将要远去的火车。

张发桂望着刘士奇离去的背影，含泪挥手告别。

## 五　秘密出走

刘士奇秘密地潜回了岳阳城，躲入一家餐馆，这里是共产党秘密联络的一处驻点。刘士奇将自己装扮成伙计，白天帮工，晚上进行秘密联络工作。几天后的一个早晨，一批国民党特务挨家挨户搜查，很快就进入了这家餐馆，这时刘士奇正弯腰擦洗桌椅板凳，和特务撞了一个正着。特务们大声叫嚷："看见刘士奇没有？"刘士奇临危不乱，故作茫然地摇摇头。

餐馆老板见情况不对，连忙上前打招呼，一边忙着装烟，一边点火。顺手在刘士奇背上拍了一下："懒货，老总们来了茶都没有喝，还不快去挑水！"

刘士奇趁机走进厨房，将脸上涂上锅灰，戴着斗笠，挑上水桶，从后门里绕了出来，神态自若地往洞庭湖边南岳码头走去，搭上了去汉口的轮船，秘密出走。

风雨交加中，轮船以一种虔诚的姿态缓缓地驶过岳阳楼。岳阳楼，以绝对的沉默与历史的真实雄踞于城墙之上，在迷蒙的雨雾中，在湖浪的声声拍击下，渐行渐远。轮船压着浪花前行的嗖嗖声，大雨从天而降的天籁声，奏出了一首美妙的曲子。与水为邻，在刘士奇的印象中，好像还没有认真地审视过洞庭湖呢，想不到，今天却以这样特别的方式来面对它。刘士奇心潮澎湃，脸上布满了冷峻和愤怒，这是让胳膊和拳头都充满了压抑的力量，让牙齿喈喈碰撞，是需要一番砍杀才能平息的。而现在，这砍杀却只能在胸膛里进行。

刘士奇站在船舷边，默默地望着一汪湖水，憋了一口气，心里好像扎了一个猛子，跃入湖心，像一把锋利的剪刀，飞快地剪过湖面，剪出了湖面富有质感的一波又一波强有力的起伏，剪开了一垄垄的浪花，惊涛骇浪中，奋力向前，向前！密集的雨点啊，这天地间舞蹈着的千万精灵，敲打着洞庭湖，在洞庭湖粼光闪闪的召唤中生动起来，舞蹈起来，化作诗句漫天飞舞，最后都归融于湖水，滋养着两岸文明，使得生命在历史的长河中生生不息。

三闾大夫"哀民生之多艰"沉重的叹息，杜子美"戎马关山北，凭轩涕泗流"的忧心忡忡，钟相、杨幺"等贵贱，均贫富"的振臂高呼，如雷电火光，一一在刘士奇的脑海里闪现。

不一会儿，汽笛的一声长鸣打断了刘士奇的思绪，原来三江口到了。

在洞庭湖密集的雨帘中，但见湘江滔滔北去，长江滚滚东逝，八百里洞庭湖就是在这里完成了水与水壮烈的交融与替换，在这里一齐汇入长江，与长江这根中华文明的主线一道，融入了人与水生生不息的情结，编织出鲜明而精湛的"中国结"。只有如此浩大的湖与江的交融，才能够孕育出先忧后乐的千古情愫。楚文化的浪漫气息与坚韧意志，儒家文化的人文思想与伦理精神，无不在诠释着她的凝重、深刻、灵性、美丽和大方。她有气壮山河、气势如虹的大写意，也有多愁善感、细腻温婉的小工笔。她披着神秘尊贵的面纱，散发着神奇、高贵的气质，使人情不自禁地去探寻她、了解她深蕴的内涵、悠远的记忆和亘古的魅力。岳阳楼不仅是滕子京个人功绩的丰碑，它毫无疑问也是湖湘文化政治情结的图腾。偏居西北一隅的范仲淹，发出"不以物喜，不以己悲"、"先天下之忧而忧，后天下之乐而乐"的长呼，也绝非偶然。

刘士奇还记得，范文正公，未显贵之时，常有志于济天下苍生，而力未逮者二十年。范公既为西帅，及参大政，于是始有禄赐之入而终其志。他广置义田千亩，以养济群族之人，以其所入，给其所聚，沛然有余而无穷。范公位高权重，但他一生贫困，死时"唯以施贫活族之义，遗其子而已"！范公，他是一座丰碑，践行忧乐情怀的一面旗帜，湖湘文化千年不朽的骄傲！这种以忧乐情怀为核心的文化经典，不也同样影响和滋润着千千万万的湖湘子弟吗？谭嗣同，是的，"我自横刀向天笑，去留肝胆两昆仑"的谭嗣同，不就是这种情怀的传承者吗？我们共产党人，是提着脑袋干革命，为无产阶级翻身求解放而盗火的普罗米修斯，更是这种情怀的传承者呀！

在洞庭湖的风雨飘摇中，刘士奇触景伤情，不禁大声吟诵起《过洞庭湖》来：

潇水流，湘水流，

流入长江不见头。

龙君送我洞庭水，

何时洗尽人间愁！

这是 1926 年 9 月，刘士奇回岳阳开展农民运动时，战友郭亮赠给他的临别诗。天下洞庭，荣光与沧桑的交织，历史与苦难的纠结；刘士奇憧憬着洞庭湖水天一色的和谐，渔舟帆影、渔歌互答的幽雅，有容乃大的胸襟与神韵，不禁热泪盈眶。

农民协会在共产党的领导下开展对地主的斗争

# 中 篇

---

江西　跟着毛泽东打天下

# 第四章

## 星火燎原，赣北暴动飘红旗

### 一 鄱阳点火

中共江西省委机关撤出南昌城后，刘士奇奉党的指派，来到鄱阳，点燃了武装暴动的星星之火。

而此时的中国，白色恐怖笼罩着大地。

在上海，蒋介石露出了反革命的真面目，发动了反革命政变，突然掉转枪口，对共产党、工人纠察队进行血腥大屠杀。

在武汉，汪精卫叫嚣："宁可枉杀千人，不可使一人漏网。"大批共产党人和革命志士倒在血泊之中。

在江西，反动军阀朱培德公开叛变革命。国民党反动派和土豪劣绅暗地派人到南昌与反动军队联络，乞求派兵镇压革命。

风云突变，妖雾弥漫，革命处在阴霾四伏的危急关头，这真的是到了极危险的时候。

中共江西省委遵照党的"八七"会议精神，对江西省武装暴动作出具体部署，拟定了《秋收暴动计划》和《秋收暴动煽动大纲》。会议决定迅速传达党的"八七"会议精神，整顿、恢复和发展各级党的组织，组织秋收暴动。

9月的波阳，秋高气爽，省委特派员刘士奇和方志敏的爱人缪敏秘密来到波阳。

为团结革命队伍,加强党的战斗力,刘士奇首先对全县293名党员进行了重新登记,调整了县委领导成员,刘士奇亲自兼任县委书记,并将县委机关秘密转移到城隍庙2号。

波阳县,即现在的鄱阳县。县城鄱阳镇的北郊,有一处风景优美之地,名叫风雨山。风雨山海拔200米,是鄱阳镇附近方圆几十里内的最高山峦,山高林密,坡高壁陡,依城带水,松涛竹海,景色秀丽。

说起风雨山,还有些来历。话说元朝末年,朱元璋、陈友谅大战鄱阳湖,朱元璋在此山大胜,奠定了鄱阳湖决战获胜的基础。朱元璋乘兴登山,适逢微风细雨,凉爽怡人,风景颇佳,朱元璋不禁喜笑颜开,于是赐此山名为风雨山,并在山腰建风雨寺。也许是沾了朱皇帝的光,自此,风雨山香火鼎盛,历代不绝,拥有良田数百亩,僧、尼共治,居士众多。历代多有传颂风雨山的名诗佳句,如"月波门外月奔波,风雨山前风送雨"等,流传久远,脍炙人口。如果在晴朗天气,站在山顶向西远眺,可以看到庐山峰影;放眼四望,向东、东北是连绵不绝的丘陵,高低不同;向西、西北是星罗棋布、如无数繁星般的大小湖泊,璀璨夺目;向南、西南是热闹的鄱阳县城,依山傍水。

然而,大慈大悲的菩萨解救不了受苦受难的芸芸众生。就在刘士奇奉命来到波阳从事武装斗争之际,中共江西省农委书记方志敏也潜回老家弋阳,从事农民运动。一天傍晚,来波阳搞枪的方志敏找到赣北特委机关的秘密联络点,与妻子缪敏不期而遇。两人于这一年6月结婚,因革命工作需要而暂时离别。这次意外相逢,夫妻俩惊喜交集。

刘士奇拉着二人的手,风趣地说:"'小别胜新婚',祝贺,祝贺!"刘士奇向方志敏介绍了明天的会议,方志敏激动地说:"这几个月来,我们与上级党组织失去了联系,心里好难受,好着急呀，我正想听取党的指示呢！"

9月中旬的一天，一向宁静的风雨山，不时有三五成群或两个结伴而行的人向山上走来，他们有的装扮成来此进香的香客，有的装扮成上山砍柴的，有的装扮成下地耕作的。但这不是他们的真实身份，他们来到此地是为了参加党的一次重要会议。

参加会议的还有波阳县委党、团负责人以及重新登记后的党员100余人。会议在山上的土地庙举行，刘士奇以无比激动的心情首先传达了党的'八七'会议精神，并代表省委作了当前革命形势的报告，无比气愤地指责了陈独秀异常有害的机会主义路线。

刘士奇慷慨激昂地说："国民党反动派及其走狗公开叛变革命，勾结帝国主义镇压革命，屠杀我们共产党人和革命民众，无数的共产党人和工农民众已倒在血泊之中。现在党号召我们擦干身上的血迹，埋好战友的尸体，到农村去，团结广大工农民众，建立真正的革命武装和工农武装，在中国共产党的领导下，开展武装斗争，实行'土地革命'，推翻国民党反动派的统治，打倒摧残江西工农运动的新军阀朱培德，建立起真正的民主政权。"

会议就如何贯彻执行好党的"八七"会议精神，建立工农武装，进行积极的研究和讨论。会议决定：一是迅速恢复、整顿和发展各级党的组织，将党的"八七"会议精神传达贯彻好；二是迅速组织力量到农村去，发动农民群众起来斗争，组织秋收暴动，以革命武装去反抗反革命武装。

会议历时两天。大家听到了党的最新指示，群情激昂。会场下，方志敏同各位代表一样，听得是那样认真，从他那舒展的眉宇间和眼神里，看得出他很兴奋。他心里亮堂起来了。从会议的报告里，他又看到了红军前进的道路，看到了中国的希望和前途。方志敏在后来的回忆中说道："听到刘士奇传达了党的'八七'会议精神后，感到满心的欢喜！"

"武装暴动"、"土地革命"的红色风暴迅速在赣东北大地上掀起。

刘士奇有时穿件灰袍子，化装成商人；有时光脚穿草鞋，化装成农民，四处宣传鼓动，领导革命运动。

鄱阳镇边的珠湖，有一座云雷山庙，一天夜里，庙里灯火通明，不知就里的人，还以为又是哪个大财主出钱在做法事呢。

其实，来的都是穷苦农民，大家趁着夜色从附近村子赶来，认真聆听着刘士奇讲革命道理。

刘士奇问大家："谁欠了地主的债？谁欠了租？"

大家一齐举手说："我们都是穷人，不穷也不来革命了！"

"现在共产党来了，不交租，不还债，大家赞成不赞成？"

"这样的好事情，谁不赞成？"

刘士奇又接着说："我们共产党的道理，就是活不下去了，要平债，要分田，要革命！你们赞成就写上自己的名字，咱们轰轰烈烈干起来！"

只见一名青年男子站起来高声说："农友们，今天我们在这里正式成立珠湖农民协会。我们的口号是'共产党，铁犁头，只许往前耕，不许往后退'；'杀敌一个拣一个，杀敌两个赚一个，死了再来过'。"

"农民兄弟们，中国共产党是领导穷人翻身得解放的党，众人拾柴火焰高，一木不成林，一人难成众，让我们抱成一团，开展武装斗争，实行'土地革命'，推翻国民党反动派的统治。现在我们宣誓签名画押！"刘士奇最后用慷慨激昂的话来号召大家。

听了刘士奇的话，农民们都在红纸上写上了自己的名字，还画押宣誓："革命到底，永不变心！"

就这样，农民革命团组织起来了。

随后一场有 5000 余农民参加的珠湖农民武装暴动终于爆发了。

## 二　村村飘红旗

在刘士奇等人的努力下，党的"八七"会议精神，"武装暴动"、"土地革命"的口号迅速传遍赣东北大地的山山水水、村村寨寨。

九区农民 10 月底和 11 月初举行了武装暴动。3000 多名暴动农民兴高采烈地唱道："打到烈桥，打到烈桥，沿河上，沿河上，攻下余仓吴家墩、齐欢唱！"

横峰农民 11 月中旬大暴动。数日间，焚烧借条契据，不还债，不交租，不还粮，不纳税，打倒国民党，建立农工政府的暴动口号响彻横峰半县。

省委特派员刘士奇领导特委一班人夜以继日地工作着。11 月间的一天深夜，特委召开重要会议，由于叛徒告密，敌人包围了特委机关。当时缪敏担任警戒，她见情况有异，迅速销毁秘密文件，在窗台上插上香火，发出了暗号。敌人冲进了院子，将缪敏逮捕了。

特委书记林修杰、组织部长周菽菡等人匆匆赶来，没有注意到暗号，不幸被捕。

刘士奇、军事部长胡烈等人迟来一步。巷子里黑魆魆的，偶尔传来几声狗叫。为了安全起见，他们不敢提马灯，尽量放轻脚步，摸索着朝前走，拐过一道弯，再往前数十步就到了。刘士奇抬眼看去，院子周围黑沉沉的，异常寂静，一根香火插在窗台上，隐隐约约闪出亮光。刘士奇立即止步，凭着多年从事地下工作的经验，带着胡烈安全脱险。

第三天，林修杰、周菽菡同志就被敌人杀害，缪敏被敌人以"事实嫌疑"的罪名关押。她在狱中经受了敌人各种审讯，却始终

没有暴露身份，敌人更不知她就是方志敏的妻子。在鄱阳被囚禁
40 多天后，缪敏被党营救，获得释放。

但是，敌人的凶残阻挡不了英勇的革命者，阻挡不了英勇的
革命群众。

蓝家沟的农民也在年关暴动了。

蓝家沟是一个穷山沟，农民穷得没法过了，冒着生命危险开
了一个小煤窑。县衙门派来一个肥猪一样的队长，领几个法警，
大摇大摆来到村里要捐税，每月缴 5 元。

农民们早已受了党的教育，抗着不缴，说："我们连吃的都没
有，拿什么捐税？"

队长大喊："好呀，你们抗捐不缴，统统都抓到县衙坐大牢，
看怎么收拾你们这班穷鬼！"

农民们敢怒不敢言，只好将对方团团围住，双方对峙着。

队长的猪婆脸涨得通红，为了吓唬农民，他扬起手，顺势一
巴掌打在一个农民的脸上。

众人怒不可遏，一拥而上，肥猪队长被推了个嘴啃泥，杀猪
一样地嚎叫起来。几个法警围上来想行凶，也被农民揍了一顿。

几个人被揍得鼻青脸肿，哭爹喊娘，好不容易才从地上爬起
来，哼哼唧唧，一瘸一拐，狼狈地逃出村子。

农民们终于出了一口恶气，但事情却闹大了。

大家找刘士奇出主意。刘士奇想事情闹到这个地步，你不暴
动，敌人也会来抓你。干脆，提前动手，让敌人措手不及。农历
年三十晚上，蓝家村的农民暴动了。农民革命团烧毁了几百份地
契，分了几百担粮食，欢欢喜喜过了一个年。

1928 年 1 月 2 日，在刘士奇的指导下，方志敏在江西弋阳县
窖头村召集弋阳、横峰、贵溪、铅山、上饶等县共产党员会议，
决定发动农民举行年关起义。并组成以方志敏为书记，黄道、邵
式平等为委员的工作委员会领导起义。

　　弋横地区农民在工作委员会的领导下，先是开展了抗租抗债斗争，迅速组成 80 多个农民革命团，凝聚了人心。

　　旧历年关前夕，农民革命团在横峰县娄底兰家解除了国民党县政府警察的武装，举行起义。接着，弋阳县漆工镇、邵家坡和横峰县青板桥、葛源等地的农民相继举行起义，数日内起义区域扩大到纵横各 50 余公里。起义后，成立了中共横弋阳中心县委，并组成了土地革命军。在弋横农民起义的影响下，贵溪、余江、万年、铅山、上饶等县的部分农民也举行了起义。形成了以横峰县葛源为中心的赣东北革命根据地。在刘士奇、方志敏等共产党人的积极推动下，弋、横、德三县纵横八百里地区，到处都是暴动的队伍，村村飘扬着红旗。刘士奇抑制不住内心的激动，写下了《工农革命军军歌》：

　　　　我们工农革命军，都是受苦人；
　　　　拿起斧镰和刀枪，团结成一心。
　　　　枪尖对准反动派，没收大资本；
　　　　推翻黑暗旧社会，权利归人民。
　　　　大家快快团结起，暴动有保证；
　　　　举起起义大红旗，杀敌不留情。
　　　　一切权利归人民，建设新政权；
　　　　土地财富属我们，天下均平等。
　　　　工人农民要专政，不再受欺凌；
　　　　当家做主气势雄，自己握前程。
　　　　我们工农革命军，志冲半天云；
　　　　共产主义我们造，大家向前进！

　　方志敏也是我党我军早期的重要领导人。刘士奇到达赣北后，对他领导弋横起义、创建赣东北苏区，起到了重要的指导作用。

1928 年 1 月，方志敏领导组建了中国工农红军第十军；1935 年 8 月，在江西南昌英勇就义，时年 36 岁。

"敌人只能砍下我们的头颅，决不能动摇我们的信仰！因为我们信仰的主义，乃是宇宙的真理！为着共产主义牺牲，为着苏维埃流血，那是我们十分情愿的啊！"当我们吟诵方志敏的不朽诗篇时，无不为这位伟大的共产主义战士对党和革命事业的赤胆忠心而肃然起敬。

# 三 整顿赣北组织

中共江西省委交通机关遭敌人破坏后，鉴于南昌的严峻形势，省委机关由南昌暂迁九江。省委为了加强对革命斗争的领导，1927 年 10 月，将全省划为赣北、赣南、赣东和赣西四个特区，组成四个特别委员会（以下简称"特委"），中共赣北特委机关设在九江城区凤凰坡一号。

刘士奇调任赣北特委书记兼九江市委书记。特委组织部长王祖翼，宣传部长袁亚梅，秘书彭文。特委辖地 20 余县，即今上饶、宜春、九江、景德镇、鹰潭五市所属各县和南昌市所属新建、安义两县，但有通信联系的只有十五六处。下属党组织有九江市委（特委兼），德安、永修、铜鼓、鄱阳、余干等县委，景德镇、乐平等区委，吴城等特支。

赣北特委建立后，刘士奇"即着手于组织整顿与发展工作，通知各级党部改组及重新登记，洗刷一切腐败投机分子，寻找忠实勇敢的工农，扩大并充实党的基础。"①

整顿党组织是有一定的历史背景的。大革命失败后，面对敌

---

① 赣北特委报告《我们的十一月》，1927 年 12 月。

人的疯狂镇压与反扑，党内许多意志薄弱的同志屈服于反动派的淫威，不仅党组织解散，而且，这些人还投降反革命，反过来残害革命同志。正如毛泽东在《井冈山的斗争》一文中所说："投机分子的反水：革命高涨时（六月），许多投机分子乘公开征收党员的机会混入党内；边界党员数量一时达到一万以上。支部和区委的负责人多属于新党员，不能有很好的党内教育。白色恐怖一到，投机分子反水，带领反动派捉拿我们的同志，白区党组织因此大半垮台。"

特委因辖地范围大，所以交通不便，联络困难。刘士奇把工作重点放在今九江市所属的各县和江北，派员巡视永修、德安、马回岭、黄老门、江北等地的工作。

刘士奇代表特委提出十条工作意见：（1）清党；（2）内部训练；（3）农运；（4）农村妇运；（5）反土匪运动；（6）铁路工人运动；（7）县委工作不应偏倚；（8）宣传工农兵联合；（9）土地革命宣传；（10）应用农民反土匪运动的精神反对国民党反动政府。

永修县委根据特委指示，在党内进行组织整顿，清洗出200余人，尚存的200名党员农民占90%。根据"八七"会议精神，准备组织农民暴动，以云山为暴动起点，最后夺取艾城、涂家埠，控制南浔线。

铁石山暴动后朱培德派三个团的兵力，进驻德安"清剿"共产党员和积极分子，不少共产党员和农民协会骨干遭到逮捕、杀害，有的党员脱党，德安县党内同志仅余七八十人。国民党德安县长发布文告，重金悬赏缉拿中共德安县委书记杨超等人，派警备队在木环垄、乌石门、夏家铺设岗搜捕。杨超因眼病严重，不能行走，从9月中旬开始一直隐居在永丰，10月下旬眼病逐渐好转，便与县委委员扶国权暂时离开德安，转到武汉找党中央，县委委员何奎光转往赣南，此时德安的工作形同瓦解。

10月，宁汉新军阀战争爆发，赣北成为军事要地，刘士奇根据长江局和省委的部署，开展了声势浩大的反新军阀战争的宣传活动，将省委《反新军阀战争宣言》和特委的《告国民党士兵书》以及反对拉夫抓丁等反战标语发到赣北农村各地，要求赣北各级党组织做好反战宣传工作。

刘士奇派员与德安县委委员、青年部长甘霖沛接上关系，恢复德安的工作，要求德安县委对党员重新登记，抓紧整顿与发展党的组织，建立秘密的农民协会，扩大反战（宁汉战争）和土地革命宣传，加紧铁路工人运动，做好游击暴动的准备工作。

刘士奇还派员巡视江北，建立江北区委，有党员80余人。特委要求江北区委继续整顿与扩大党的组织，组织秘密农民协会，加强土地革命宣传，应付敌稽查队敲诈，乘机夺其枪支，武装自己。

修水县是省委制定秋收暴动计划的重点县之一，刘士奇在修水建立了中共赣西北第二特别区委员会。接受大革命失败教训，组织农民自卫队，准备开展武装斗争。

下杉的共产党员朱积垣、朱铭炼等根据党组织的决定，在农协中挑选30多名精壮的农民组成自卫队，配有鸟铳、梭镖、大刀等武器，进行军事训练，准备暴动。10月，朱积垣领导1000多名农民，首先攻打大地主朱经美庄院，没收他的谷米财物，并烧毁了他家的一部分账簿和契约。农协和自卫队欢庆胜利，一边练兵，一边自造土枪土炮。大地主朱谷丰纠集暴徒，带领叔侄兄弟持刀擎棍于黑夜袭击农会自卫队，自卫队毫无防备，当场有5人被打致重伤，下杉农会被捣。

事情发生后，农民个个怒不可遏，一致要求严惩朱谷丰。刘士奇等抓住这个活教材，向农民进行教育，号召大家团结起来，拿起刀枪铲除土豪劣绅。朱积垣等人带领2000多农民，将朱谷丰庄院团团围住，高呼："打倒地头朱谷丰！""不许朱谷丰破坏农会!"朱谷丰见到来势汹汹的群众，吓得瘫痪在地。农民冲进朱家大屋，捉住朱谷丰，召开斗争会，控诉朱谷丰的暴行。会后应贫苦农民的强烈要求，将朱谷丰处死，并没收其财产。这次下杉暴动取得了胜利。

11月，中共赣西北第二特别区委组织县城附近的万余农民举行了反压迫、反暴政、反苛捐杂税的游行示威。国民党修水县政府早有准备，紧闭城门，调动200多名警备队守护城头，向示威群众开枪射击，被打死1人，重伤数10人。这次暴动由于缺乏严密组织，指挥不当而失败。

攻城失败后，中共赣北特委为加强对修水武装斗争的领导，特委书记刘士奇、宣传部长袁亚梅等人到修水指导工作。在刘士奇、袁亚梅的直接领导下，修水党组织立即动员2万多名农民准备第二次攻城，由于国民党第三军第九师进驻修水，敌强我弱，遂放弃计划。

12月，根据刘士奇的指示，中共修水临时县委在靖林张德生家成立，县委书记甘特吾。临时县委决定在农村进一步组织暴动，创造农村武装割据局面。修水山溪坳、台庄、黄荆坑一带，是湘、赣两省交界地，境内山岭连绵，峰峦险峻，是湘鄂赣三省军阀割据和反动统治势力薄弱的地方。这里人民备受反动统治阶级的剥削和压迫，对反动派仇恨很深；同时深受邻省革命影响，农民运动基础较好。首先在这里建立根据地，对全县影响很大，还可以策应湖南，使湘赣两省边界革命运动连成一片。因此，临时县委派共产党员樊化龙等到山漫，吴凯旋等到画坪，秘密建党。并确定以台庄为中心，在山漫、上杉、朱溪、画坪建立4个秘密交通站，以加强联系。

刘士奇对九江城区和原九江市委所属的九江县基层党组织，更是倾注全力，使这些组织得到全面恢复和发展。除建立江北区委外，还建立了黄老门、马回岭、小阳铺、港口区委。黄老门、马回岭有党员 300 余人。特委还恢复了久兴纱厂、裕生火柴厂、铁路、店员、码头支部，共有党员 100 余人。在党支部的领导下，在业工人秘密建立红色工会，失业工人组织失业委员会，与国民党反动派及黄色工会进行斗争，同时着力组织游击暴动，控制南浔线。

刘士奇在赣北工作期间，非常关心老百姓。他喜欢走到群众中去，问长问短。群众也乐意和他接近。

有一天早上，刘士奇看见一个老农掉到了河里。他赶紧脱了棉袄，跳进冰冷的水里把老农救了上来，还把自己防寒的棉袄给老农披上。

老农流着泪说："你是我的救命恩人啊！"

刘士奇笑着说："我们都是一家人，不说两家话。"

这一天，刘士奇和几个战士来到一个村子里参加一个会。许多群众跑来看望他，不知怎么消息走漏了。正谈着，敌人把村子包围了，情况十分危急。刘士奇立马将群众给疏散，而且和几个战士一边防守一边撤退。可是，敌人人太多，眼看就要追上了，情况十分危急。

正在这时候，奇迹出现了，敌人好似被《西游记》中的孙悟空使了定身法，定住脚不跑了，一个个地蹲下身子，争抢地上的银元。没有拾到的就和已经拾到的争抢起来，你争我夺打成了一团。当官的没办法，踢这个一脚，踹那个一腿。趁这个机会，刘士奇他们脱了险。

这是怎么回事呢？原来，村里的群众见敌人追赶刘士奇，情况很危急，没有别的办法，就把打土豪收来的银元拿了出来，丢到路上，缠住了爱财如命的敌人。

自从刘士奇上任以来，就把恢复、整顿和发展党组织作为特委的主要工作来抓，有计划地建立革命根据地和革命政权，很有成效。但上级却追究刘士奇对暴动领导的不力，于 1928 年年初错误地撤销其特委书记职务。不久，刘士奇即调往赣西特委机关工作，担任特委秘书长、代理书记。

1928 年 2 月，江西省委将全省划分五个暴动区，制订《江西全省总暴动的准备工作计划》。由于否认暴动的应有条件，没有冷静客观地面对敌强我弱、革命处于低潮的严峻现实，在斗争策略上不是组织革命力量实行有秩序的退却，而是一味地主张实行盲动的进攻，盲目地组织暴动，单纯地流动游击。省委日常工作，忙于暴动的计划、指示、批评；党组织机构的频繁变动以及党的干部频繁的调动，都是一个目的——暴动。

刚刚恢复起来的党组织和党的领导人直接暴露在敌人面前，情况十分危急，党的领导人不是被通缉外逃，就是被敌人逮捕杀害。

共产党革命到底采取哪一种方式，是频繁暴动，还是逐步稳妥地建立党的各级组织及政权？毛泽东在 1930 年在回答林彪提出的"红旗到底能打多久"这一问题时，曾经总结了大革命失败后的一段革命斗争的经验："单纯的流动游击政策，不能完成促进全国革命高潮的任务……有计划地建设政权的，深入土地革命的，扩大人民武装的路线是经由乡赤卫队、区赤卫义地队、县赤卫总队、地方红军直至正规军这样一套办法的，政权发展是波浪式和向前扩大的，虽等的政策，无疑义地是正确的。"①

经历了大革命失败和盲目暴动失败，刘士奇深刻地认识到革命的道路不可能一帆风顺，也不可能一蹴而就。丰富的革命斗争经历让他更加成熟起来，他以满腔的革命热情和对党的事业无限的忠诚，投入到了新的工作中。

---

① 《毛泽东选集》第一卷，《星星之火　可以燎原》，人民出版社 1991 年版，第 98 页。

红军使用过的大炮

# 第五章

## 分田分地开新局

联席会议后，刘士奇根据总前敌委员会的部署，积极大胆地领导赣西南党政军民扩大农村根据地和工农武装，深入开展土地革命。

这一年的3月22—29日，中共赣西南第一次党员代表大会在吉安富田召开，到会代表共78名，代表赣西南30余县党员3万余人。刘士奇在会上作了四万言的政治报告，组成了12个起草决议的委员会，负责向大会提交政治、经济、宣传、职工、农民、政权、武装、土地、士兵、互济、妇女和青年12个决议草案并经过代表们的充分讨论修改而通过。会议肯定了赣西南党的领导和群众运动的成绩，规定了新的任务，指明了方向与前途。经过大会选举，刘士奇、肖道德、李文林、丛尤中、王怀等人当选为赣西南特委常委，刘士奇当选为书记。为便于开展党的工作，特委之下设立东、西、南、北四个行委。随后，成立了赣西南苏维埃政府，曾山任主席。

党代会结束后，刘士奇以极大的热情投入到革命工作中，根据"二七"和赣西南第一次党代会的精神，组织武装力量，多次攻打吉安和赣州的反动势力，迫使敌人自顾不暇。同时，刘士奇抓住敌人暂时不能集中兵力进攻苏区的有利时机，分头发动群众，全面开展土地革命，出台了《赣西南苏维埃政府土地法》："决定没收一切土地，按人口平均分配，抽多补少。"并责令各县、区负责同志，限期把土地分配到农民手里。

《赣西南苏维埃政府土地法》的颁布，结束了关于土地革命问题的第一次争论，揭开了革命根据地土地革命运动的新篇章，是赣西南红色区域土地改革的真正开始。

平分土地的消息，像夏日的阵阵清风，吹进了广大贫苦农民的心田。人们奔走相告："这个世道要变了！"人人都期待着分田那天的到来，就跟久经干旱，盼一场淋漓的大雨一样，这个消息使农民们心神一振。

"二七"会议的成功召开，解决了党内的争执，确定了党的几个中心任务与策略，挽救了赣西南党的危机。会议闭幕后，赣西南各级党组织认真传达贯彻会议精神。"二七"会议后，前委和中共赣西南特委为实现会议确定的三大任务，领导根据地军民进行了波澜壮阔的斗争。赣西南苏区掀起了前所未有的土地革命高潮，兴国、吉安、吉水、泰和、永丰等县区轰轰烈烈地展开了分田运动。

阳春布德泽，万物生光辉。3月，春天悄悄地来到赣南，山坡上的灌木丛绿了，路边的小野花开了，一方方水塘清澈如镜，映着岸上稀疏的倒影。大片的庄稼地安静地躺在阳光下，有的已经被犁铧翻出了泥土，就像大地敞开的棉袄。整个大地都在美滋滋地吮吸和收藏着阳光。

这个时候的刘士奇，白天下乡，晚上回到特委机关办公。他经常参加生产劳动外，还深入到农村调查研究，帮助农民群众解决土地问题、劳动问题以及生活上的柴米油等问题，帮助指导县、乡苏维埃干部开展扩红支前经济建设及文化教育等工作。

十五六岁的机要员卓雄，随刘士奇一会儿走山边大道，一会儿穿行田间小路，几乎每天都奔走在田间地头。

"刘书记，我们整天转来转去，走三家窜四户地跑啊跑，到底想干什么呀？"一天，卓雄一边跟着刘士奇走，一边不解地问。

"小同志，不要小看我们的工作呐，我们呐，就是想消灭天下所有的军阀，打倒天下所有的土豪劣绅，建立红色中国！别看我们的力量现在还小，但我们只要将广大的工农群众团结起来，就一定能消灭他们！"刘士奇拍了拍卓雄的肩膀笑着说。

"那你说有希望吗？"

"有！天下那么多工人、农民劳苦大众都支持我们，再加上毛委员、朱军长的正确领导，我们一定能成功！"

苏区群众为了表达对特委干部好作风的赞扬，发自内心地唱道："苏区干部好作风，自带干粮去办公。日穿草鞋分田地，夜走山路打灯笼。"

刘士奇带着卓雄来到东固白沙村探望红军家属陈婆婆。陈婆婆寡居多年，丈夫在地主家做工时，被迫害致死，去年大儿子参加了红军，家里只有陈婆婆和十来岁的小儿子，生活艰辛。两人来到一栋低矮的平房前，十五六岁的卓雄蹦蹦跳跳，抢先一步跨进陈婆婆家的大门，脆声喊道："陈婆婆，刘书记来看您啦！"

陈婆婆闻声赶紧从屋里迎出来，"唉唉，刘书记，您工作那么忙，我怎么担当得起哟！"

刘士奇诚恳地说："大妈，为红军家属服务是我们应尽的职责呀！"陈婆婆搓着手，感激地将客人迎进屋子。

刘士奇吩咐卓雄将带来的一袋大米倒进陈婆婆家的米缸，自己走进厨房，瞅见水缸空了，二话不说，顺手挑起水桶就往外走。只见堂屋里面居中的位置，原来摆放"天地国亲师位"的牌子不见了，取而代之的是"马克思及诸革命先烈精神"的新牌位，熠熠生辉。

在这段日子里，刘士奇以艰苦朴素和务实的工作作风赢得了群众的信任和拥戴。

刘士奇欣喜地看到，在苏维埃取得胜利的地方以及斗争较久的地方，革命思想深入人心，再没有人敬神了，连菩萨都被烧掉了，庙宇祠堂变成了农民工人士兵的政府办公室，或者是游戏场。

许多农民的家里以前供着家神"天地君亲师位",现在都换成了"马克思及诸革命先烈精神"。从前过年度节,写一些封建式的对联,现在都是写的革命标语,以前买卖婚姻,现在完全废除了,婚姻自由,不需金钱,没有人再相信反动派造谣所谓共产共妻的鬼话。农民减少了许多无谓的用度,富田陂下从前要卖出敬神用的黄纸两万余元,现在完全取消了,黄纸店也关门大吉了。

1930 年 7 月 21 日,根据党中央通知,宣告成立了中国工农革命委员会,委员 35 人,有毛泽东、朱德、彭德怀、滕代远、黄公略、林彪、谭震林、何长工、陈毅、刘士奇、曾山、李文林、邓子恢、张鼎丞、王怀、伍中豪、潘心源、方志敏、邵式平、萧韶、袁德生、萧道德、段起凤、邱达三、刘光万、涂振农、吴致民、曹易亭、杨岳彬、曾炳春、金万邦等人,毛泽东任主席。这个工农革命委员会即是由革命军事委员会扩大组成,成为红色区域的军事政治指导机关,最高级政权组织。

1930 年 7 月出版的中共中央机关报《红旗报》,对赣西南的分田运动作了这样的报道:"各地的农民,自动地将本村居的人口及土地数目调查,报告到乡政府,并将一切契约田据,概行烧毁;不分日夜开群众大会,解决土地问题,所以不到半月之久,将赣西南的土地分了 22 个县,农民一般分得 5、6 石谷田,少则 3 石,多则 12 石……农村的斗争,又深入了一层。"当时,整个赣西南苏区出现了"收拾金瓯一片,分田分地真忙"的动人景象。

到 1930 年 10 月,已有 30 余县完成了土地分配。

广大贫苦农民分到了梦寐以求的田地,他们打心眼里拥护共产党和工农红军,极大地调动了他们参加革命、建设根据地的积极性。经过土地制度的改革,赣西南和闽西革命根据地内社会结构和阶级关系发生了根本性变化,真正揭开了革命根据地土地运动的新篇章。

土地革命使广大贫雇农政治上翻了身,经济上分到了土地,生活上得到了保证。为了保卫胜利果实，他们积极参军参战，努力发展生产。赣西南革命根据地，仅半年之内，参加红军的翻身农民达3万多人。吉安陂头的一个招兵站，一天就招收800名农民入伍。

广大贫苦农民手捧着乡苏政府颁发的"耕田证"，跑到自己的田地上，放声唱起了幸福的山歌。

白沙村陈婆婆，噙着泪花，唱道：

阿婆苦了几十年，
红军来后分了田；
田契换上耕田证，
土地还家喜连连。

香糯酿酒美又甜，
酒甜难比有了田；
酒甜只能甜一时，
有田就能甜年年。

耕田证啊贴胸前，
它比金银还值钱；
油纸包了几多层，
放在枕下最安全。

睡前仔细看一遍，
三更半夜捻着边；
做梦也在大声喊，
田中喷出幸福泉。

陈婆婆的这支山歌，唱出了广大翻身的贫苦农民心底的最强音。

为了粉碎国民政府对共产党的经济封锁，共产党领导根据地军民进行经济建设。党把农业生产放在第一位，开展互助合作，兴修水利，开垦荒地，农业生产发展了。同时，根据地还兴办了一些工业，包括军需工业和民用工业。

"二七"会议会址

革命根据地的农民组织了耕田队、劳动互助社，发动妇女参加劳动，还成立了犁牛合作社，集合股金购买耕牛，解决了农民劳力缺乏的困难，做到了不违农时。

革命根据地兴办的军需工厂有子弹厂、炸弹厂、被服厂等；民用工业有盐厂、糖厂和纺织厂等。

革命根据地经济建设的成就，粉碎了国民政府的经济封锁，支持了革命战争，巩固了红色政权。

　　刘士奇在 1930 年 10 月 7 日《给中央的综合报告》中是这样描述赣西南火红的革命形势的："……乡村政权十分之九由地主阶级夺到工农手里来了。群众的斗争局面，日益扩大化、猛烈化。红军、赤卫队、革委、苏赤卫军、游击队先后成立，苏维埃到处举行代表大会和群众大会，地主阶级的政权被打得落花流水，政权、土地、武装三者同时并进，即分田，办苏维埃，建立自己的武装……"

　　苏维埃政权的建立，决定了以后革命的发展方向。"毫无疑问，任何一个革命的最主要的问题都是国家政权问题。政权在哪一个阶级手里，这一点决定一切。"①

---

　　① 《列宁全集·革命的一个根本问题》，第 357 页。

# 第六章

# 慧眼识才，红军喜添一虎将

## 一 策反罗炳辉

罗炳辉是云南宜良人。他出身贫寒，性情骁勇，12岁就离家出走从戎。孙中山就任非常大总统在桂林组织大本营时，罗炳辉闻讯即从云南到桂林，投奔了属于广东革命政府的滇军总司令朱培德。北伐战争后，他随同朱部转战至江西，因作战勇敢，屡立战功，被提为营长。但是，他生性刚直，主事铁面无私，为一些军官所嫉妒，因此，不仅难以提升，反而常遭歧视和打击。蒋介石发动反革命政变后，有人诬告他有"通共"之嫌，受到暗中监视，1928年编遣时，罗炳辉的一营人终被改编遣散，他不得不重过流浪生活。

1929年春，罗炳辉经旧友介绍，到江西吉安担任靖卫大队长。不久，即奉命"剿匪"。当时，毛泽东、朱德正率红四军下山进行游击活动，赣西南一带常有地方武装出没，张贴"共产党是穷人的政党"，"红军是为劳苦大众谋利益的军队"，"打倒地主豪绅阶级"，"斩杀贪官污吏"一类标语。罗炳辉出身贫寒，饱尝辛酸，看后觉得共产党主张很好，很得民心。而自己带兵"剿匪"时，所到之处，百姓皆像躲瘟疫一样。这是为什么呢？他开始思索其中的道理。

有一次，他部下捉到一批"共匪"。地主豪绅都叫嚷着杀掉。罗亲自审问后，原来都是些拥护共产党的贫苦农民。他下令把他们放了，并每人发给一块银元。之后，他的部下又多次捉来一些穷苦农民，他都一一放了。这些事，渐渐引起了土豪劣绅的仇恨，告他"剿匪不力"，上司也责怪他"任意纵匪"。

罗炳辉的表现，也引起了我党地下工作者的关注。

一天，罗炳辉突然接到从上海寄来的、他在滇军中交往甚深的同乡赵醒吾的一封来信，劝他办"民团"时要为国家、民族人民谋利益、做好事，不要充当祸国殃民的走狗，并约他面谈。开始，罗炳辉尚不在意。后来，又不断地收到赵的来信，读过后，开始对自己的作为产生动摇。6月份见面后，老友相逢，不免畅谈了一番。

这个赵醒吾，就是中共江西省委遵照中共中央的指示，专程赴吉安做兵运工作，策反罗炳辉的。赵醒吾是云南宾川人，曾任滇军某部副官长，为人公正，才华出众，因多次为罗炳辉主持公道，深为罗所敬佩。老友晤谈到第二天晚上时，赵突然对罗说："我是冒着杀头的危险来找你的。"

"你是共产党员？"罗炳辉方才醒悟道。

"是的。生死均在今天。"赵醒吾很安然地答道，告诉他："我是党中央派来找你的，中央认为你有条件参加革命。"赵亮出了底牌。

罗沉吟片刻后，说道："我也是穷苦人出身。共产党主张穷苦工农的真正解放，我是同意的。醒吾兄，请你转告贵党负责人，我愿意跟共产党人交朋友！"

一天晚上，酷暑逼人，蛙声阵阵，特委机要员卓雄装扮成伙计，中共赣西特委秘书长刘士奇、省军委书记蔡升熙、特派员赵醒吾装扮成大老板，在卓雄的引领下，一行人趁着夜色潜入了罗炳辉的驻地值夏。卓雄提着马灯，把刘士奇、蔡升熙、赵醒吾领进了罗炳辉的住所。罗炳辉撤去了桌子上的军用地图，拿出了烧酒款待，四个人围坐在一起畅饮起来。

从这时起，罗炳辉才知道他结交的这几个人都是共产党员。

这天晚上，刘士奇一开始说的不是自己的来历，而是罗炳辉在国民党军队中的前途。

这正是罗炳辉最关心的。在吉安国民党军队中，自己是个外来户，没有铁杆兄弟照应，很难立足；况且，由于自己"剿匪"不力，上司已经对他这个靖卫大队长产生了怀疑。国民党不容他，共产党又能够信任他这个过去的对头吗？这些天，罗炳辉一直在思考这个问题，他甚至想到了上山打游击，自立门户；或者去云南家乡发展势力。

刘士奇神情专注地听完罗炳辉的想法。他完全理解罗炳辉的心境和真诚，许多不甘屈服于命运与上司淫威的国民党军官，大都有过这种想法。

"国民党背叛革命，疯狂杀戮共产党人和革命群众，用内战代替团结，独裁代替民主，黑暗的中国代替了光明的中国，广大穷苦百姓受苦受难，永无宁日。"说到这里，刘士奇激动地站起来，"不知你想过没有，全中国腥风血雨，你去占一个山头有什么用呢，凭你的单打独干，你能斗得过他们吗？你能解救千千万万受苦受难的同胞吗？"刘士奇把这个道理一讲，罗炳辉就无言可对了。

罗炳辉叹了一口气："我何尝不知道国民党的罪恶，我也知道我们的民族处在列强的欺凌与瓜割中，我也是穷苦农民出身，也不忍心看同胞受苦受难啊！"说完，罗炳辉的双眼不禁湿润起来。

"办法倒是有一个——跟着共产党走！"心直口快的蔡升熙一语道破。

军人不问政治，罗炳辉对党派的事知之不多。他只知道共产党和国民党一样都是党派，如今是国民党掌权，和共产党是死对头。如今，国民党正在剿共。除此之外，他就所知无几了。

"共产党是个有组织、有纪律、有武装、有革命目标的党。"刘士奇这时反客为主，给罗炳辉的碗里倒满了酒，继续说道："我们共产党谋求全中国和全人类的解放，让穷苦的百姓有饭吃、有衣穿，让他们翻身做主人！我们的革命，有共产国际和苏联的支持，我们一定能够打败国民党反动派，建设光明的新中国！"

这一席话让罗炳辉犹如醍醐灌顶。刘士奇、赵醒吾等人不但有文化，而且有胆识，罗炳辉不禁对他们刮目相看。

罗炳辉站起来给刘士奇、赵醒吾、蔡升熙等人的碗里斟满了酒，然后痛快地把酒碗朝刘士奇面前一举："我知道你们都是共产党的人，我拥戴你们领头。"

刘士奇忙用双手按住他的酒碗，一字一板地说："领头的不是我们，而是共产党！"

罗炳辉重新端起酒碗，神色凝重举过额头："好——那我就拥戴共产党！"

刘士奇、赵醒吾、蔡升熙一齐举起酒碗朗声说道："来——我们一起拥戴共产党！"

说完，四个人一齐把酒干完，会心地笑起来。

经过多方努力，罗炳辉终于走向了光明之路。1929年7月，根据罗炳辉的请求，经刘士奇、赵醒吾、蔡升熙介绍，中共江西省委批准，罗炳辉在党旗下秘密宣誓，加入了中国共产党。刘士奇高兴地握住罗炳辉的手："炳辉同志，祝贺你呀！"

听到"同志"二个字，罗炳辉心中涌起了一股暖流，急切地说："士奇同志，党要我做什么？请你指示，从此，我就是党的人了！"

刘士奇微笑着说："莫急莫急，以后要干的革命事业还多着呢，经过党组织研究，你现在急需要做的工作是——"刘士奇盯着罗炳辉，一字一顿地说："抓好部队，准备起义！"

"是，保证完成任务！"罗炳辉"啪"地立正，庄严地敬了一个军礼。

入党后，党指示罗炳辉，保持灰色，继续做靖卫大队长，利用在旧军队的关系把邻县的靖卫队争取过来。按照党的指示，罗炳辉在邻近的永新、吉水、永丰等地的靖卫团中做了许多工作，并凭借自己的身份和情报，掩护了中共地下工作者的活动，使不少同志免遭逮捕，化险为夷。

# 二  值夏起义

1929年10月前，赣西特委在忙于准备攻打吉安时，忽略了地下工作的秘密。吉安城里，常常有三五成群的长褂先生，在一个资本不足百元的小店里——隆康木行跑进跑出，以致引起了密探的注意。密探首先抓住了团特委书记曾道懿。曾道懿经不住敌人的严刑拷打，叛变了革命，供出了党的机密。而这一切，赣西特委还蒙在鼓里。

10月底的一天，赣西特委在店里举行秘密会议，国民党密探带领一帮特务冲了进来，冯任、刘士奇等人从后门逃走，黄宜、曾志昌等同志被捕。敌人在全城进行大肆搜捕，凡是没有职业的都捕去，计有三四百人。由于叛徒的出卖，赵醒吾等地下组织领导和党员等13人惨遭不幸。吉安城里到处搜捕共产党员，吉安城的周围到处布满电网，一时间，白色恐怖笼罩着吉安城，赣西南地区革命形势急转直下，日趋险恶。接着，南昌方面的敌人也截获了中共江西省委文件，从中发现了关于"罗、杨两部要加强工作"的指示。这样，省委机关也遭到了敌人的破坏。赣西特委书记冯任去南昌找省委，但一直没有消息。从此，赣西特委便与省委失去了联系。

在这关键时刻，特委秘书长刘士奇代理特委书记，将特委机关迁往吉安城外的陂头。这突如其来的变化，使罗炳辉的处境十分危险。这时，赣西特委即秘密通知罗，立即准备起义。时任赣西特委常委的曾山受刘士奇的委托，秘密潜入值夏吉安靖卫队驻地，与罗炳辉见了面。

曾山转给罗炳辉一封由刘士奇代表特委写给他的密信，大致内容有：

（一）目前敌人已实行更残酷的进攻，并破获了我党十几个重要机关，被捕去的同志都知罗炳辉同志，一旦个别人招供，会造成危险和损失。

（二）反动势力正走向崩溃的边缘，革命在向前发展，党的任务非常艰巨。赣西南党的任务是要发展和巩固革命根据地。

（三）党希望罗炳辉同志高举义旗、准备起义。党正号召广大群众热烈欢迎。署名特委。

11月15日凌晨，罗炳辉在吉安值夏驻地，集合全部队伍400余人，宣布武装起义。随即以急行军把队伍带到苏区的东固新墟。赣西特委刘士奇、蔡升熙、曾炳春、江汉波、曾山等亲自在新墟街口迎接，向投诚起义人员表示了热烈欢迎。

接着，中共赣西特委召开了近万名群众参加的欢迎大会，刘士奇作了热情洋溢的讲话，并宣布原吉安靖卫大队编为中国工农红军江西独立第五团，罗炳辉任团长。

罗炳辉带头扯下了青天白日的帽徽，淌着热泪对群众说："三天前，我是反共的靖卫队长，今天，我举起红旗来了，我回到工农队伍里来了，我要为工农而斗争了！"起义的靖卫团丁们也纷纷扯掉帽徽，响应起义。从此，罗炳辉和他的靖卫大队走上了革命的道路。

红军指战员以纵队为单位，同驻地群众举行了丰富多彩的联欢晚会。各处游艺坪上一片灯火。刘士奇、罗炳辉和战士扭起了秧歌，他们唱啊、跳啊，尽情地欢呼光明的未来。欢声笑语伴随悠扬的号子久久地回荡在赣西山区的上空……

1930年年初，罗炳辉升任红六军二旅旅长，后任红六军二纵队司令员。第五次反"围剿"开始不久，罗炳辉任新组成的红九军团军团长。1934年10月率部参加长征。1937年全国抗战爆发后，罗炳辉任八路军副参谋长。1939年5月任新四军第五支队司令员，率部开辟皖东抗日根据地。1940年任新四军江北指挥部副指挥兼第五支队司令员。1946年4月，任新四军副军长兼山东军区副司令员，6月，因病不幸逝世，享年49岁。

江西陂头古镇

赣西苏维埃政府旧址及刘士奇旧居

# 第七章

# 命令昨颁，十万工农下吉安

恩格斯曾经说过：革命无疑是天下最有权威的东西，革命就是一部分人用枪杆、刺刀、大炮，即用非常权威的手段强迫另一部分接受自己的意见。

1929年10月至1930年10月，以刘士奇为主的赣西特委以及赣西南特委党组织发动数十万群众和地方武装，配合红军发动了一场长达一年之久的"武装暴动"，先后进行了九次激烈的战斗，史称"九打吉安"。红军用实际行动，践行了马克思列宁主义关于武装斗争夺取政权的理论。

## 一　历史背景

吉安，是赣西南政治经济文化中心，是连接江西南北的交通枢纽。吉安城四周，西有真君山和天华山，南有神岗山和禾水，北有骡子山，东临开阔的赣江，与青原山相望，是个山水环抱、地势险要、易守难攻的地方，历来为兵家必争之地。土地革命战争时期，吉安城则是国民党反动派屏障南昌、控制吉安周围各县以至整个赣西南的军事要塞，是赣西南地区赤白斗争的焦点。

"九打吉安"不同于之前发生的南昌起义、广州起义等城市暴动，也有别于之后红一军团攻打南昌、长沙等城市攻坚。它是立足于赣西南革命根据地，依靠根据地军民，联合红军主力开展的

一场武装斗争。同时，1929 年 3 月蒋桂战争爆发，1929 年 10 月
至 1930 年 10 月蒋冯阎中原大战爆发。这种"在帝国主义间接统
治的经济落后的半殖民地中国……因为有了白色政权间的长期分
裂和战争，便给了一种条件，使一小块或若干小块的共产党领导
的红色区域，能够在白色政权包围中间发生和坚持下来。湘赣边
界的割据，就是这许多小块中的一小块。"①

**红军攻打吉安**

　　1929 年 5 月，中共赣西特委在冯任、刘士奇、曾山的领导下，
工作出现了良好的新局面，党组织迅速得到健全和发展，农村和
城市斗争不断深入和扩大。至 1929 年 8 月，建立了吉安、吉水、
泰和及万安 4 个县委，新余、峡江、安福和袁州 4 个特支，共有

① 《毛泽东选集》第一卷，人民出版社 1991 年版，第 49 页。

党员 3000 余人；领导和发动了吉安县的东固、延福暴动及永新、泰和、永丰、吉水、安福等县的武装暴动，从根本上动摇了赣西地区的封建统治；创建和扩大了工农武装。

1929 年 10 月，中共江西省委巡视员江汉波和蔡申熙（省军委书记）秘密来到吉安，向中共赣西特委负责人刘士奇传达了中共中央第 49 号通告——《武装拥护苏联与反对军阀战争》的精神，要求全国各地特别是苏维埃区域，应根据本地实际，提出"中心斗争口号"。25 日，赣西特委召开紧急会议，会议决定以"攻取吉安"作为"中心斗争口号"。并组织了总行动委员会和南路、北路行动委员会，同时成立了赣西红军总司令部。至此，赣西地区数十万群众为配合红军进行的长达一年之久的"攻打吉安"的武装斗争拉开了序幕。

## 二 第一、第二次攻吉，成立红六军

1929 年 10 月底，赣西特委订定了"攻打吉安的行动计划"：以红二、第三、第四团为主力，吉安、吉水、泰和等地农民赤卫军随队参加攻吉战斗；以城区工人的力量和吉安、吉水、永新三县国民党靖卫队作内应（赣西特委秘密争取了吉安县靖卫队长罗炳辉入党，并利用罗的关系在邻县靖卫团做策反工作），里应外合，攻取吉安城。

不料，11 月 8 日，吉安城内发生了党、团特委遭重大破坏的事件。团特委书记曾道懿叛变投敌，致使省委特派员赵醒吾、特委常委黄宜、申中及 300 多名党、团员和革命群众惨遭被捕或杀害，"攻吉"计划暴露。赣西特委机关从吉安城"隆康木行"转移到吉安县陂头。特委书记冯任去找中共江西省委汇报工作，从此也失去了联系。

在这样一个关键时刻，刘士奇代理赣西特委书记。他当机立断，积极采取应变措施，密令吉安靖卫队大队长罗炳辉率队提前起义。在党组织的周密安排下，起义获得成功。

11月17日，红二、红四团返抵富田后，刘士奇又决定乘吉安城内成光耀孤军待援之机，以红二、红四团为主力，以红三团和游击大队、农民赤卫军作配合，准备强攻吉安城。

11月19日，各部已准备就绪，探报金汉鼎部某营押送17艘满载弹药军需品的船只去赣州，特委当即决定，停止攻城，先截取敌船，然后再打吉安。

红二、红四团奉命远袭万安城。但敌人得到情报，早有准备，截船未成，只得回师泰和。

不料，这时敌情发生了变化。11月下旬，鲁涤平援吉部队陆续到达吉安。因此，吉安城敌军增加了朱耀华旅的107团和江西保安第三团。

湘系军阀鲁涤平1929年转任江西省政府主席，此人长得肥头大耳，人称鲁胖子。他在镇压湖南的农民运动中，双手沾满了共产党员和革命群众的鲜血。鲁胖子高叫"拿湖南的屠杀经验来肃清江西的共匪"，有计划、有步骤地分途进攻赣西红色区域，提出"分区清剿共匪"计划，拼死命来拉拢江西地主阶级的民团，一致镇压劳苦的工农群众。

面对敌情的变化，赣西特委重新研究了攻打吉安的策略，动员吉安四周50里内的群众，配合少量红军包围吉安，发动各红色区域的群众围攻各县城，集中力量，肃清吉安外围之敌。红二、红三、红四、红五团在群众武装的配合下，分兵南、北两路作战，歼敌400余人，缴枪380余支。

大敌当前，让刘士奇感到棘手与头痛的，还有当时名目繁多的游击队和赤卫队，他们的地方主义色彩非常浓厚，都是各自保守一隅，时常为着过界打土豪引起纠纷。有一次，中鹄的赤卫队跑到东固去打土豪，东固的赤卫队闻讯后，派人赶来制止。另一方振振有词："打土豪见者有份，尼姑的脸蛋，你摸得我也摸得！"一方毫不示弱："我们的尼姑就是不要你们摸，不是想吃腥，莫到灶边站！"

正在双方吵得不可开交时，不知是谁从背后扫过来一扁担，"哎哟，中鸽的打人了！""这还了得，给我打！"一时间到处扁担、锄头挥舞，哭爹喊娘声一片。

"啪啪"，突然，空中响起了脆耳的枪声！关键时刻，刘士奇带领红军战士及时赶到，他朝天放了两枪："住手，哪有农民兄弟打农民兄弟的，先把双方领头的捆起来！"刘士奇疾言厉色，快刀斩乱麻，制止了双方之间的械斗。

1930 年 1 月，彭德怀、黄公略率领红五军由湘鄂赣边来到了赣西地开展游击活动。而刘士奇为首的赣西特委，正在组织工农地方武装和革命群众攻打吉安。为了扩大革命势力，统一武装力量，红五军军委和赣西、湘赣边特委召开了联席会议。

会议讨论了红军后段的军事行动。经彭德怀、刘士奇提议，决定将赣西地方武装红二、红三、红四、红五团以及永新、莲花、宁都等县的游击队和当地的赤卫队改编为红六军，红五军军委委员黄公略担任军长。

这个黄公略，可不简单。他于 1926 年参加北伐战争，1927年 12 月参加广州起义，1928 年 7 月同彭德怀、滕代远等领导平江起义，任红军第五军十三师四团党代表，中共红五军军委委员。同年 11 月，彭德怀、滕代远率红五军主力赴井冈山后，他率部留在平江、浏阳一带发动群众，开展游击战争，创建湘鄂赣苏区。由他来担任红六军军长一职，应该是一个很合适的人选。1931 年9 月，黄公略在第三次反"围剿"作战中不幸牺牲。

谁来担任党代表呢？为从制度上保证党对军队的绝对领导，红军在初创时期实行了卓有成效的党代表制度。1927 年 9 月，毛泽东领导了举世闻名的"三湾改编"，对这一制度进行了强化，他创造性地确立的"党指挥枪"、"支部建在连上"、"官兵平等"等一整套崭新的治军方略，是中国共产党建设新型人民军队最早的一次成功的探索和实践。

赣西特委书记刘士奇被任命为红六军党代表兼军委书记。刘士奇作为赣西南地方的领导人，在1929年11月组织工农第一次攻打吉安的声势浩大的斗争中，充分显示了卓越的领导才能，由他担任军党代表一职，也是情理之中的事情。

红六军成立之初，部队装备很差。队伍虽然编成了军，但没有统一的服装，穿什么样的衣服都有。枪很少，有的人扛的是大刀、梭镖、鸟枪。部队的成分也比较复杂，基本上都是农民，也有的是从白军中哗变过来的士兵，有的是被俘过来的军官，有的是为打土豪发洋财而来的无业游民。部队纪律很差，农民的散漫习气很浓，请假逾期不归的现象也时有发生。

几天后，红五军彭德怀同志来到永新城里红六军三纵队驻地。为了鼓舞士气，黄公略、刘士奇请彭德怀讲话。

彭德怀看到部队动作很稀拉，有的人身上还披着大衣，不扣扣子，不由得锁紧了眉头，大声说："从现在起，你们就是主力红军的一部分了，今后，将担负更加光荣而艰巨的任务，所以，你们必须不断提高军政素质，加强组织纪律性。如果像今天这个样子，兵不兵，民不民，随随便便，还怎么去打胜仗呀……"

彭德怀同志的这一番话，说得大家面面相觑，个个咋舌。

这时，刘士奇上前一步，诚恳地对战士们说道："彭军长说得对，大家现在是红军战士了，是革命队伍中的一员了，要严格要求自己，'下雨还怕打雷'呀，我看，先从整顿着装开始吧！"

战士们心悦诚服，点头称是，纷纷脱下身上披着的大衣，昂首挺立，接受首长们的检阅，队伍顿时整齐严肃起来。

彭德怀非常关心红六军的建设，为了训练好这支新成立的部队，提高战斗力，应黄公略、刘士奇的要求，从红五军中选拔了一批优秀干部到红六军任职。据李聚奎（新中国成立后，曾任石油工业部部长、上将、中顾委委员）回忆，1930年年初，彭德怀、滕代远同志找他谈话，要求他到红六军去担任支队长。李聚奎对红五军充满了感情，心里恋恋不舍。

彭德怀看出来他的心思，语重心长地说："为了革命的需要，使我们许多互相不熟悉的同志走到一起来了，为了革命的需要，又使我们许多互相熟悉的同志分开了。现在革命发展了，成立红六军需要很多人到那里去工作，将来革命再发展了，我们队伍再扩大了，需要到新的部队去工作的人就更多了，总想留在老部队、老地区工作，是一种缺乏发展的保守观念。"彭德怀同志的一席话，说得李聚奎的心里亮堂堂的。他愉快地接受了任务，告别了红五军的同志和战友，参加了建立红六军的工作。①

黄公略、刘士奇做了大量的建军工作。一方面，以红四军、红五军为榜样，抓紧军事训练，严格要求部队；另一方面，又从红六军的广大指战员的实际觉悟出发，耐心、细致地进行教育工作。此后，部队的组织纪律性不断加强。由于黄公略、刘士奇等人的坚强领导、苦心训练，红六军很快就成了一支政治觉悟高、作战勇敢、纪律严明的好部队。

到1930年6月，红一军团成立，红六军划归红一军团建制；7月，红六军改名红三军，军长黄公略，正义委兼军委书记刘士奇。不久，因地方工作的需要，刘士奇卸去了红六军政委一职，集中精力好赣西南特委工作。红六军政委职务由陈毅继任。

红五、红六军分别在赣江东、西两侧向吉安逼近，形成了对吉安城的包围之势，历时三个月之久。部分地解决了吉安外围的反动武装，先后攻下了兴国、万安两个县城，红色区域扩大到了

① 《李聚奎回忆录》，解放军出版社1986年版，第69—73页。

三四百公里，建立了吉安、吉水、泰和、兴国等13个县和50多个区的苏维埃政府。

## 三 第三、第四、第五次攻吉，
## 刘士奇指挥若定

主力红军撤离赣西后，敌人疯狂反扑。

敌人方面增加了邓英部队，张辉瓒到吉安，金汉鼎到赣南，朱耀华、陈雷两部汇集赣西，南昌连日开会，商剿赣西南"共匪"。

黑云压城城欲摧。面对敌人的疯狂反扑，赣西南党内发生了右倾危机。如东委的同志看到红军主力离开，认为赣西南赤色政权会消灭，流露出悲观情绪；因正值插田的时候，还有人主张要少开些会议，使农民多参加生产。在革命基础相对薄弱的北路，不少群众反水，投降地主阶级，组织守望队，反过来捕杀共产党员和苏维埃的负责人。

当时，赣西南特委中，曾山、李文林先后去上海参加党的会议，王怀在永新不能过河，丛允中在赣南，特委工作由刘士奇一个人在支撑。苏维埃没有中心干部，党内右倾悲观情绪，充塞到了一般的工作及各地的组织中。

在这一关键时刻，刘士奇迎难而上。他采取了强有力的策略：一是继续扩大斗争，由各级党组织发出号召，汇集各地的地方武装，广泛地发动群众，攻取吉安。二是统一思想，召开各种会议：群众大会、党内的活动分子会议，如党员大会，越多越好。

刘士奇不顾疲劳，连续出席会议，仅千人以上的党员群众大会就召开了几次。

有一次，会场设在宽阔的河滩上，不仅有汹涌的河水，也有汹涌的民众。各地方武装和革命群众，一起来了几千人。河滩上密密匝匝，人头攒动，红旗招展，枪矛林立。主席台上，一副横匾上赫然写着"苏区军民歼敌誓师大会"。刘士奇在大会上作了政治报告，强调在革命斗争的危急时刻，斗争要放在第一位，生产放在第二位。

刘士奇慷慨激昂地说："农民兄弟们呐，现在，土地是我们的，粮食也是我们的，如果我们不去与敌人斗争，就保不住我们的胜利果实！敌人并不可怕，可是，我们中的有些人，敌人还没有来，就害怕了，就被自己打垮了。敌人当然是狡猾和凶恶的，但我们共产党有自己的法宝，那就是发动群众，鼓舞斗志。'一根筷子容易折，三缕麻绳扯不断'，同志们呐，敌人反攻时，只要我们拧成一股绳，就能抵抗住反革命势力。"

刘士奇在大会上一一列举了我们能够战胜敌人的条件，充满了必胜的信心。最后，他还领着大家高呼口号："打到吉安去，分田又分地！""打倒蒋介石，消灭反动派！"喊声有如呼啸的海涛掠过山谷，会场上群情激奋，斗志昂扬。

就这样，赣西南的共产党员和革命群众的思想重新统一起来了。

鲁涤平派遣张辉瓒，坐镇吉安，以重兵进攻北路，同时骚扰南路。

面对敌人的反扑，刘士奇指挥若定，采取了积极进攻的策略，广泛地发动群众，集中地方武装，攻打吉安。

5月，连续发动了三次攻吉行动："五一"前夕，第三次攻打吉安，打败了吉水的封建迷信、反动武装"红黄学会"，恢复了水东、儒林的工作；5月9日，第四次攻打吉安，赣西南特委调集10万群众包围吉安七天；5月下旬，中路单独发动第五次攻打吉安，牵制进攻我北路之敌。

第三、第四、第五次攻吉，不仅打退了敌人的反扑，而且扩大了红色区域，离吉安城五六里的地方都分了田，建立了苏维埃政权，成立了赣西南赤卫军总指挥部，为红二十军的创建打下了基础。

1930 年 8 月 14 日，上海《申报》报道：红军在所有张贴布告中，均署有朱德、毛泽东、黄公略、刘士奇等人的名字。

## 四　第六、第七次攻吉，成立红二十军

1930 年 6 月，吉安由邓英部接替成光耀旅。

6 月 16 日，中共赣西南特委召开常委扩大会议，刘士奇具体

部署了第六次攻打吉安的战斗。曾山任总指挥，陈奇涵任参谋长，刘士奇、曾山坐镇吉安城西固江镇指挥攻吉。

28日上午，10万群众配合赣西红军第十一、第二十纵队和红军学校学员，把吉安城彻底包围了。

刘士奇、曾山利用迷魂战术，河东、水南、白沙、螺子山、西沙埠、天华山、真君山，到处红旗飘飘，号声阵阵。吉安城内敌军见此情景，惊恐万分，军心涣散。刘士奇亲临火线，把总指挥部迁到真君山下，和曾山一起发布总攻令，左、中、右三路武装向吉安城发起猛攻。

左路指挥部设在桐树坪，左路队伍攻占天华山；中路队伍强渡赣江，打到神岗山下；右路指挥部设在神岗山，右路队伍先后占领了真君山和螺子山。结果，因敌人的工事太巩固，我们的战具太弱，革命群众虽然勇猛，但工事的坚固以致革命群众没有将之攻下。

红军取得了部分胜利，左路队伍冲到了吉安街上赵公堂，冲破了敌人的连哨，击毙敌人100多人，缴获了敌人的子弹，动摇了敌人的军心。附近农民和城市贫民冒着炮火危险，将茶水送到战场，送到红军手里，以表示热烈的欢迎。吉安城里的大商家、地主、军官的家属，均向南昌逃命去了。因后援不足，遭敌人反击，为保存实力，刘士奇、曾山决定撤出战斗。

在撤退途中，适遇黄公略率红六军第一、第三纵队从湘东返赣。红军主力返赣，刘士奇大喜，决定调回各路攻击队伍，配合红六军第七次攻打吉安。

吉安这个连接江西南北的交通枢纽，南昌城的屏障，实在是太重要了，国民党反动派当然知道，丢掉吉安意味着什么。就在红军撤退之时，敌人抓紧在吉安城周围构筑工事。天华山、神岗山、真君山、螺子山设置了七道通电铁丝网，挖了一条二丈多宽、一丈多深的壕沟，筑了七八个碉堡，并从樟树调来两个团固守吉安城。

7月1日拂晓，刘士奇、黄公略、曾山发出总攻令，红六军万余人及各路地方武装和群众，怒吼着向吉安发起了攻击。

面对潮水般涌来的攻城队伍，敌军吓破了胆，只能龟缩在吉安城里，凭险据守。

在"打吉安"的行动中，农民把手里的农具丢掉，拿起武器就跑，无论男女老幼都兴高采烈地参加战斗。

群众的革命热情高涨，出乎了大家的意料。开始发动时，不过是东固、延福各一万人，泰和几千群众，中鹄、纯化、儒林等处都没有群众组织。在打吉安之口号下，中鹄区的农民自发地组织起来，加入攻打吉安战斗。

数十万群众起来打吉安、杀土豪，在乡村的地主豪绅心惊胆战，呼啦一下跑得精光。一个土豪跑得气喘吁吁，东倒西歪地累倒在田埂边，爬起来挣扎几下，又扑倒在水田里，扑了个嘴啃泥。老长工见他狼狈不堪，跑过去扶他，讥讽地问："东家，跑这么急干吗呢？""再……再不跑，命都保不住呢，今晚上红军要打吉安呢！"土豪说完，又深一脚浅一脚，死命前奔。

老长工反而当真了，满心欢喜，逢人便说："晓得不，今晚上红军要打吉安呢，东家们都逃命去了呀！"这一消息一传十，十传百，结果，当天晚上就有五千多农民自发地跑到吉安对岸的田坎上，"劈劈啪啪"放土枪示威。吉安守敌又以为是红军趁夜攻城，胡乱还击一阵后，龟缩在城里，再也不敢露面，犹如惊弓之鸟。

无论穷乡僻壤还是别的地方，群众都自发地组织起来张贴标语，群众到处寻找共产党，拥护共产党。党的威信，在群众中陡然提高起来……

永新、莲花、宁冈一带的群众，也受攻吉的影响，积极地夺取当地县城，完成地方暴动。

群众对扩大红军，非常热烈地拥护与参与，各地举行送红军去前方，三五一伴，几十名一伴，时常到苏维埃政府请求到前方去的，到处都有……各地苏维埃政府号召优待红军家属，农民主动帮红军士兵家属种田。

鲁胖子急得像热锅上的蚂蚁，他频频向蒋介石发电报请求支援，连连哀叹："赣西南下至三岁小孩，上到八十老人，都是共匪。"

最让吉安城反动派要命的是经济问题。离吉安城不到五里路就是赤色政权，吉安城突然增加了十几万土豪劣绅，经济来源被红军封锁，赣河交通又被革命势力断绝，因此，城市居民购买力下降，反动派拼命增加税收，地主、商业资产阶级的经济日益破产。城市的商店没有人光顾，闭门的闭门，搬走的搬走。吉安城粮食的缺乏成为大问题，反动军队与土豪劣绅想办法向赤色区域进攻，抢劫粮食，结果不是被红军打退，就是被红军缴械。

陆路被红军封锁，反动派妄想打通水路交通。敌人在小汽船周围架上钢板，架起机关枪，终日在吉安到泰和、峡江一带的赣江游击，经常用机关枪向赣江两岸扫射，不管有无红军。敌人企图恢复赣河交通，断绝河东与河西革命势力的联系。有一次，吉安的反动军队在汽船的配合下，进攻到红色政权薄弱的地区仁寿，大肆烧杀，杀了一千多手无寸铁的老百姓，焚烧房屋数百间，粮食抢劫一空。敌人的疯狂更加激起了人民群众的愤怒。

在组织攻打吉安过程中，刘士奇深刻地感受到了群众对党的信仰，群众翻身求解放的愿望是何等迫切呀！他充满着胜利的喜悦和革命的豪情，写下了《参军歌》：

> 我劝大家去参军，
> 打倒土豪和劣绅；
> 一心一意跟党走，
> 党是黑夜北斗星。

从 7 月 1 日起，红军围攻吉安 5 天，由于没有攻坚武器，勇猛冲锋均不奏效。部队决定撤围转移，进行休整。红六军改称红三军，划归红一军团建制。

在历次攻城战斗中，红军的作战能力都得到了锻炼与提高；作为指挥者的刘士奇，更是一个爱动脑筋的人，每次攻城的经验与教训，他都要去认真地总结。英勇斗争，打开了赣西南如火如荼的革命局面。

为了加强对地方武装的领导和统一指挥，增强红军的战斗力，刘士奇根据组建红六军的经验，提出将赣西地方武装第四、第十一、第二十、第三十纵队改编为红军第二十军。曾炳春任军长，刘士奇任军委书记兼政治委员。曾炳春，江西吉安人，曾任中共赣西特委委员、红六军军委委员等职，"二·七"会议后，先后任赣西南红军学校校长、赣西南赤卫军总指挥、中共赣西南特委候补委员。1932 年 5 月，因肃反扩大化被错杀。

7 月的陂头，瓦蓝的天空明亮洁净，没有一丝云彩，天空中，暑气逼人。陂头村内一派节日景象，居民屋墙上、店铺的门板上、路口的树干上，到处都贴满了五颜六色的标语："中国共产党万岁！""打倒国民党反动派！""红军万岁！"等等。但道路上却空空落落，不似往日那样熙熙攘攘，热闹繁荣，人们都涌到村子外面去观看红二十军成立大会的盛况了。

村外一块空地上，几千名身着灰布军装，头戴八角军帽的红军战士整整齐齐、精神抖擞地列队站立着。周围的山坡上、田坎上聚集着无数前来看热闹的老百姓，还有扛着大刀长矛的赤卫队员、手执红缨枪的儿童团员，大家无不兴高采烈，喜气洋洋。

一位红军宣传队员指挥战士们唱起了《八月桂花遍地开》的歌曲：

八月桂花遍地开，

鲜红的旗帜竖啊竖起来，

张灯又结彩呀，张灯又结彩呀，

光辉灿烂闪出新世界。

红军队伍真威风，

百战百胜最英勇，

粉碎了蒋贼的大围攻。

一杆红旗飘在空中，

红军队伍要扩充，

保卫工农新政权，

带领群众闹革命，

红军战士最光荣。

亲爱的农友们哪，亲爱的农友们哪，

拿起刀枪都来当红军。

红军队列前面，搭着一个简陋的主席台，台上坐着几位英姿勃发的红军将领，还有几位身着便装的地方党政领导干部，他们一个个精神饱满，笑逐颜开。主席台上，红二十军的军旗迎风招展，这是一面红彤彤的旗帜，左上角绣了一颗红五星，正中是镰刀斧头的图案，左边镶着白边，上面写着"中国工农红军第二十军"的字样。

"同志们，中国工农红军第二十军今天正式成立了，是一件大喜事！下面，请军委书记刘士奇讲话！"曾炳春大声宣布道。台下响起一阵热烈的掌声。

军委书记刘士奇走上前来，向大家敬了一个标准的军礼。然后操着一口浓重的湖南话说："同志们，今天，我们红二十军光荣地成立了，正如曾炳春同志所说，这是一件大喜事。以前，我们赣西南成立了一个红六军，成了红军的主力，现在我们又有了一个红二十军。这样，我们红色苏维埃政权的革命力量就更加强大了。扩大红军与武装地方，不能分开。根据我们的斗争经验，要扩大红军，只有同时加紧武装地方，给很少的枪支，可以成立大的部队；调出来给的是坏枪，战斗中可以换到敌人的好枪，比如泰和游击队，编了一连人到第五团，给些坏枪成立特务队，现在，这一连人编成了一个支队到了二十军。"接着，刘士奇打了一个比方，诙谐地说："各地都是如此做的，正如剥驼皮一样，削了一层又一层；如果我们红军完全集中了，不但不能进攻敌人，保障政权，即使是扩大红军，也是有妨碍的。"

没有接受过正规军事训练与学习的刘士奇，在战斗中迅速成长，体现出了很高的军事素质与指挥才能。更难能可贵的是，他活学活用毛泽东的军事战略思想，保证了党的地方政权和工农红军队伍在极端困难的情况下进一步发展与壮大。

由于缺少攻坚的武器，从第一次攻取吉安到现在，工农红军尽管消灭了数千敌人，但红军和革命群众也牺牲了将近一万人；苏区被白匪烧毁的房子，也有很多，许多群众无家可归，这让刘士奇感到特别揪心。

即使是这样，也没有哪一个有怨恨。牺牲了，自己的家属收埋。农民不但不怪红军、苏维埃和共产党，而且更加痛恨反动派。成百上千的妇女参加了游击队、担架队，到火线上送茶水饭菜，救护伤兵。十几岁的少先队、儿童团员英勇地奔上战场，帮助自己的亲人杀敌……群众对党信仰，主要原因是在斗争中获得了土地，建立了苏维埃政权，获得了政治上的解放。正如《共产党宣言》中所说的："他们的目的，只有用暴力推翻全部现存的社会制度才能达到。""无产阶级在这个革命中失去的只是自己项上的锁链，而他们获得的却是整个世界。"①

---

① 《马克思恩格斯全集》第4卷，人民出版社，第504页。

土豪劣绅们的财源在农村，逃到城里后，无法维持基本生活，他们以前趾高气扬，现在只能挑水做工；土豪劣绅的妻女，以前养尊处优，现在大半在吉安、赣州当娼妓。这样的落魄生活实在是过不下去了，土豪劣绅们又跑回来向苏维埃自首，愿意将所有家产拿出来，哀求苏维埃政府恩典，不杀头就谢天谢地了！

## 五　第八、第九次攻吉，曾山接力刘士奇

树欲静而风不止。就在攻打吉安的关键时刻，1930 年 8 月，李文林主持特委召开"二全会议"，错误地撤销了刘士奇的特委书记职务，改选了特委常委。选举曾山、王怀、郭承禄、肖道德、李文林五人为常委，曾山为书记。

10 日，曾山召开常委会议，讨论后段军事行动。李文林提出，放弃吉安，攻打南昌。

但曾山贯彻了前任书记刘士奇的战略方针，他认为，前七次攻打吉安，已经严重地动摇了守敌的基础；况且，吉安周边群众基础很好，攻打吉安的行动已经深入人心。只要组织地方武装和革命群众乘胜攻坚，拿下吉安大有希望。其他常委都同意曾山的主张。

大家一起研究部署第八次攻打吉安的工作，组建了前敌委员会，王怀任前敌委员会书记。同时，成立了赣西南军事委员会和总指挥部，曾山任总指挥，统辖东、西、南、北四路指挥部。曾山调集 10 万"精勇工农"，配合红二十军、红军学校和青年干部学校的学员，开展攻吉行动。

9 月 5 日，曾山发布总攻击令，各路队伍从四面八方向敌军阵地发起总攻，两校学员队伍在儒林赤卫队的配合下迅速占领了天华山；红二十军在北路地方武装和工农群众配合下攻打真君山，

这一仗打得比较艰难，群众以"土坦克"（用棉絮裹装的独轮车）掩护红军战士冲锋陷阵，尔后，与敌人进行肉搏战，激战数小时，牺牲了二三百人。但敌军工事牢固，火力太猛，我军缺乏重型武器及攻坚经验，吉安城一时难以拿下。为保存实力，曾山审时度势，果断地决定撤出红二十军，留下独立团与群众武装继续包围吉安城。

第八次攻吉的战斗，使吉安已成为一座孤城。吉安周围呈梅花形的红色区域扩展到30余县，其中占领了14个县城，红色区域纵横三四百里，连成了一片；赤色群众达400万人，基本上完成了赣河中上游的割据任务。有强大的武装作后盾，赣西南革命形势如火如荼。9月26日，曾山在陂头组织召开了中共赣西南特委常委会，部置配合红一方面军的攻吉行动。会后，曾山发布《赣西南苏维埃政府紧急通知》，号召广大群众"迅速准备"，组织各种支前和战斗队伍，配合红一方面军夺取吉安。

10月3日下午2时许，红一军团第三、红四军和红二十军分五路先后抵达吉安城郊，总部设在城北山前村。

10月4日拂晓，毛泽东、曾山共同发布了《山前命令》：林彪的第四军从左翼向螺子山和真君山之敌阵地攻击；黄公略的第三军、罗炳辉的第十二军从右翼向天华山、神岗山一线之敌攻击，曾炳春的第二十军向真君山和天华山一线之敌佯攻；一声令下，红四军在螺子山打响了总攻吉安城的第一枪，红二十军、红三军分别在真君山、天华山和神岗山一线打响。

曾山组织10余万地方武装积极响应，积极参战，支前物资源源不断地送到前线。群众用各种"土办法"打击敌人："土坦克"掩护部队冲锋陷阵；禾草填壕沟、木板搭沟桥"深沟变通途"；"火牛阵"冲电网跨越封锁线，等等，体现了革命群众的聪明才智和革命必胜的信念。

由刘士奇一手创建的红二十军表现十分英勇，在军长曾炳春的率领下，越战越勇，坚守真君山阵地，打退了敌人一次又一次的疯狂反扑，为红军攻入城区创造了有利条件。

经过一夜的奋战，红军从城西突破敌军阵地，直插吉安城中心中山路大街，守敌邓英率所部在白鹭洲乘船弃城仓皇逃跑。红军沿岸追击，获船4艘，俘敌220多人。午夜12时许，红军占领吉安，九打吉安取得了胜利。

10月5日清晨，吉安周围成千上万的工农群众手举红旗，兴高采烈地涌进城内。城内的工人和贫苦群众也纷纷走上街头，欢迎红军入城。

10月7日，赣西各县十余万群众在城内举行了群众大会，庆祝攻占吉安的伟大胜利。会上成立了江西省苏维埃政府，曾山任主席。

长达一年之久的"九打吉安"的大规模武装斗争，是赣西南党和苏维埃政府以及广大群众在毛泽东"争取江西"的战略思想指导下的伟大壮举。

"九打吉安"最终取得了胜利，极大地鼓舞了江西人民的革命热情，开创了江西红色割据区域斗争的新局面。赣西南苏区由原先零星的红色割据区域，发展成为有统一领导的、连成一片的大块根据地，为第一次反"围剿"斗争的胜利，为中央革命根据地及湘赣革命根据地的建立，创造了条件，奠定了基础。

# 第八章

# 相遇贺怡，革命征途结连理

## 一　桂花树下合心合意

刘士奇在赣西特委工作期间，遇到了贺怡，成就了一段革命姻缘。

贺怡（1911—1949），江西永新人，毛泽东夫人贺子珍的妹妹。1926 年北伐战争爆发，同年 9 月，北伐军攻占永新，建立了国共合作的统一战线，成立了有共产党员参加的国民党县党部，17 岁的贺子珍担任县党部委员兼妇女部长，15 岁的贺怡担任副部长，哥哥贺敏学担任民商部长。

1927 年 3 月，在工作中表现突出的贺家三兄妹，被批准转为中共党员。5 月，贺家三兄妹都当选为中共永新县委委员，贺子珍担任县委妇女部长，贺敏学担任青年部长。

蒋介石公开发动反革命政变后，形势十分紧急，上级将贺子珍调任中共吉安地方执行委员会妇委主任。贺怡接替姐姐的工作，担任中共永新临时县委妇女部部长职务，担起了领导全县妇运的担子。不久，革命形势急转直下，在永新反革命政变的大屠杀中，贺怡护理父亲贺焕文、母亲温吐秀深夜逃出魔掌，避难于吉安青原山，然后调往中共赣西特委工作。

贺怡性格开朗，办事大胆泼辣，风风火火，只要认准的事什么都不怕，谁也压不倒她。她似一团热烈的火焰，在担任妇女部长期间，深知封建包办婚姻的危害，把不少妇女从屈辱和不平等的婚姻中解救出来，将这些不平等烧了个干净。

两人在革命征途相遇时，贺怡还是妙龄少女，而刘士奇则已27岁了，年龄悬殊比较大。刘士奇工作认真持重，处理问题老成周到，是个成熟的革命者。但他在生活上，有些不修边幅，因少时得过癞子，脱发较多，头顶有些秃，所以大多数时候都戴着一顶帽子，显得有些老气，在赣西特委有"老夫子"之称。

贺怡长得俊美，前额较宽，一头黑黑的短发，显得非常精干。平时穿一件青布衣衫，高领，衣边长到臀部，裤脚齐踝。性格外向、活泼开朗的贺怡就像一只百灵鸟，走到哪里，哪里就留下她的笑声与歌声。贺怡的到来，如一颗小石子投入水中，使得刘士奇的心里泛起了层层涟漪。这位平时不看重生活细节、只知道在工作上拼命的"老夫子"，心里有了一种微妙的变化。

刘士奇像大哥哥一样关心、帮助她。那时，贺怡的父母因留居青原山不安全，被党组织安排在一个村镇摆小摊子维持生活。刘士奇得知后，嘱咐特委后勤人员给予经济周济，并多次前往看望二老。在一次特委会上，他提出，特委缺一名文书，可叫国文功底扎实的贺焕文担任。

此议一出，立即遭到反对，有人提出：贺焕文出身不好，成分不好，政治上不可靠……

贺怡的父亲贺焕文，祖籍永新县烟阁乡黄竹岭村，世代务农，到了他祖父这一辈，成了永新旺族，家产丰厚，买下了二百来亩茶林和二十亩土地。家中富裕起来，贺焕文就上了私塾，成了读书人。

那时，花钱可以买官。贺焕文捐了个举人，当过安福县县长。但事与愿违，他官运不通，当县长时间不长，便被罢免，折身回到永新，在永新衙门当了个"刑门师爷"，不久被一场官司牵连，锒铛入狱。为赎他出狱，家产几乎卖尽，从此家道中落。

出狱后的贺焕文，看透尔虞我诈的官场，便淡出仕途，但此时儿女们都从事革命工作去了，两位老人的生活无人照料，为维持生计，贺焕文改行经商，做一点小生意。

刘士奇耐心地对大家分析说："贺焕文虽做过官，经过商，却一直受到官僚地主的排挤、压迫，大革命中，他支持子女参加革命，5个子女有4个参加革命队伍，一个小女儿被敌人挖掉双眼，生死不明。他的亲友也受到牵连，被抓被杀了几十人，他与国民党有血海深仇呀！"持不同意见者，被说服了。

担任特委机关文书后，贺焕文、温吐秀夫妇和贺怡住在一起，生活安定。刘士奇抽空常到她家走走，嘘寒问暖，帮助解决一些生活上的困难，赢得了一家人的好感。

保加利亚伦理学家瓦西列夫说过："革命斗争为先进阶层的思想一致和共同的理想追求创造了条件。在这种情况下，感情会在共同追求理想的影响下日益加深。"[①]

爱情本就是一种奇妙的感情，既没有人能了解，更没有人能控制，它不像友情，友情可以由积累而深厚，而爱情却是突发的，它要么不来，要来，就来得万分猛烈，令人完全无法抗拒。正如罗素所说，爱情是"吞噬一切的火焰，它使其余的感情燃烧起熊熊大火，给它们注入新力量……所以人们才说，爱情创造了英雄"。

随着时间的推移，刘士奇对贺怡的感情日益增长。刘士奇以革命者大无畏的勇气充当了一回爱情上的英雄。有一天，二人单独在一起时，刘士奇终于忍耐不住了，披露了自己的心迹："……我很喜欢你，我们的关系，能否在同志关系上再进一步发展呢？"刘士奇热烈地望着心上人，饱含着无限的情意。

---

① 《情爱论》，生活·读书·新知三联书店1982年版，俄文版转译，第342页。

对视他渴望的眼睛，贺怡吓了一跳，像只受惊的小白兔，怔怔地望着他，不知如何是好。以前，她把他当导师、长者、领导。不是爱不爱，而是她情窦未开，不懂得爱。

这个天性活泼、嘻嘻哈哈、风风火火、敢怒敢骂的姑娘突然哑了。猝不及防，她面对着一个向来严肃认真的人，遇到了一个不能嘻嘻哈哈的问题。好像是一个犯规后被老师逮了个正着的学生，她面红心颤、手足无措，许久许久，她才轻轻说："秘书长，我还从未想过这个问题哩。"

"喔，是这样，那你回去想想吧，不要勉强。"刘士奇经过"漫长"而艰难的等待，亦是尴尬不已，怏怏而去。

贺怡呆在那里，果真"想"了起来。爱情，是一种自然的真情流露。若要硬去"想"，那本身就已勉强了。想，对于一个没有爱情体验的人，是很难想出什么结果。她陷入了莫名的烦恼中。

知女莫如母。女儿的心事，逃不过母亲的眼睛。当晚，在母亲的盘问下，贺怡将事情经过告诉了二位老人。按农村规矩，这种事情原本就该父母操心。于是，二位老人承揽此事，开始帮助她"想"。

"刘秘书长是个好人。"温吐秀说道。温吐秀这句话等于是定了个基调，嫁好人没错，做母亲的总不会让女儿去嫁个坏人吧。温吐秀想了想又说："就是年纪大一些，显得老气"，她怕扯远了，赶紧倒回来，"老气并不是老，相差也不算太大，还配得来。再说，'男大当婚，女大当嫁'嘛，你也已经长大了，早点找一个靠得住的人，我们也放心啊！"

贺焕文在一旁早就忍不住，立即接口，打着哈哈："男儿十五当门户，女儿十五坐花轿，怡儿也到该出阁的年龄了。再说，当今天下改旗易帜只在指日之间，红旗半卷，赤龙飞舞，毛润之和他领导的共产党人，了不起，了不起！"

停顿了一会儿，老先生手抚长髯，颇有意味地说："照我看呀，刘士奇血性刚毅，胆识过人，绝非池中之物；若得此佳婿，总是我贺门之喜，你们年轻人啊，什么爱呀恋的，哪有那么多名堂。我跟你娘成亲前，连人都没见过，现在不是很好吗？我们避难在这里，处境艰难，也指望有个依靠。你能找个靠得住的人，我们就放心了。"

这番话虽然没有什么道理，却是现身说法，来得很实在。按"实在"和"革命"的标准，刘士奇倒也很"标准"：第一，他是好人；第二，他靠得住；第三，贺焕文还算准他前程远大。

贺怡羞红了脸，故作嗔怒："哎呀，爹爹，你看你，哪有这样说女儿的！"跺跺脚，转身跑开了。

贺焕文温吐秀的"父母之命"就这样为她的婚姻大事做主了。贺怡口头上没有反对，然而心下不十分乐意，事情就这样僵持着。

阴历的八月，正是桂花飘香的季节。赣西南特委的院子旁边生长着几棵桂花树。一天傍晚，劳累了一天的刘士奇从办公室出来，看见树丛中一个婀娜多姿的身影，静静地伫立着，那么的熟悉。刘士奇悄悄地走过去，关切地问道："贺怡同志，在想什么呢？"

贺怡猛地抬头，只见刘士奇笑眯眯地望着自己。"哦，刘秘书长……没什么，随便走走。"贺怡脸一红，匆忙回话，扭身要走。

"嗨，不要这么客气嘛，这些天来你好像躲躲闪闪，是不是对我有意见呀，革命同志应该坦诚相见嘛。正好我也没有什么事，我们一起聊聊吧。"刘士奇诚恳地说道。

两人在桂花树下默默地走着。"多香的桂花呀！"刘士奇深吸一口气，不觉朗声吟唱起来："少年痛饮，忆向吴江醒。明月团团高树影，十里水沉烟冷。大都一点宫黄，人间直恁芬芳。怕是秋天风露，染教世界都香。"

贺怡不由得停住脚步，双颊红润，一双明亮亮、水汪汪的大眼睛扑闪扑闪，上下打量着刘士奇。

刘士奇笑笑："呵呵，这是辛弃疾的作品《忆吴江赏木樨》，我可不敢掠人之美啊。不过，我很喜欢稼轩的这首词，他以'染教世界都香'来歌赞桂花，隐喻他'达则兼济天下'的宏愿。我们共产党人就是要有这样的抱负和胸怀！"

贺怡粲然一笑："想不到平时那么严肃的士奇同志是这么一个风趣的人！"

"过奖了，我们共产党人也是凡人嘛。'后脑壳的头发，看不见摸得着'嘛，时间久了，你就会了解我这个人的。"

贺怡扭头看了看刘士奇光光的后脑壳，噗嗤笑了出来。刘士奇也自嘲地笑了起来。

两人边走边谈，桂花丛中传来阵阵欢笑。一丛丛的桂花树，密密匝匝地开在夕阳中。像小米一样的黄色的花儿，在风里飞旋着，把扑棱棱的香气浓浓地泼洒，地上早泛起一层层的金黄。这是 4 月下旬一个令人难忘的日子。碧空如洗，远山如黛，山花烂漫，丛竹滴翠。群山环抱的陂头，在初夏的阳光沐浴下显得格外秀丽。刘士奇、贺怡在这一天举行了婚礼。

男女之间的思想信仰和生活目标对选择对象与爱情关系的产生也发生影响。这极其自然，因为男女双方的交往过程本身要求观点相近。[①]

是革命的共同理想使刘士奇、贺怡走进了婚姻的殿堂。

1930 年 2 月，刘士奇担任了中共赣西南特委书记，贺怡也当选特委委员，任特委妇女部部长。也就在这一年的 6 月，贺怡快要生产了，当时，东固的局势并不很稳定，刘士奇决定让贺怡到赣南老区去生育。护送人则选择了她的亲戚、毛泽东的弟弟毛泽覃。毛泽覃陪贺怡来到兴国，谁知兴国也不安宁，按李立三批示，

---

① 瓦西列夫:《情爱论》,生活·读书·新知三联书店 1982 年版,俄文版转译,第 343 页。

正沸沸扬扬说要攻打南昌、赣州，会师武昌……经组织研究，贺怡由地下党员蔡福兰陪同，往田村宝华寺生育。

蔡福兰在宝华寺旁开了一家裁缝店，负责掩护工作。待贺怡生育、孩子满月后，又一路送回东固，前后有三个月之久。

也许，随着时间的推移，贺怡与刘士奇在共同的生活和战斗中，会彼此加深了解，建立真正的爱情，成就一桩美满婚姻。然而，历史，没有为其提供那种机会，反而早早地把他们拆散了。1930 年 8 月，刘士奇被错误地撤销了赣西南特委书记职务，被迫离开江西，前往上海。

由于刘士奇的"错误"，贺怡也被停止了工作。贺焕文也被解除特委机关文书职务，安排在一所小学教书。面对突变，贺怡一时陷入了苦恼之中。

刘士奇被迫调离赣西南。临行时，实在难舍难分。刘士奇知道这一去，就意味着妻离子散。平日，他一心扑在革命工作上，很少顾家。无情未必真豪杰，怜子如何不丈夫。眼看就要远行了，他的眼里蓄着泪水，难忘在江西工作的风风雨雨，难忘与同志们结下的革命情谊。他最放心不下的是赣西南当前的对敌斗争，当然，还有自己平时很少顾及的家。

这一夜，刘士奇辗转反侧，夜不能寐，泪水不觉打湿了枕头，打湿了爱子的褓褓……贺怡心里也很难过，她为丈夫的遭遇而愤愤不平，不禁嘤嘤哭泣起来。刘士奇劝慰道："我们夫妻俩都是老共产党员，为了党的工作，只能顾全大局。我相信党是不会冤枉好人的！"贺怡停止了哭泣，反过来安慰道："你放心去吧，无论发生什么事，有我在就有孩子在。"从那以后，刘士奇再也没回过江西，直至 1933 年在鄂豫皖根据地牺牲。

## 二 贺怡与毛泽覃的婚恋

　　刘士奇离开江西后，因环境的改变，加之音信不通，贺怡与刘士奇的婚姻关系已经名存实亡。不久，又从白区传来消息，说刘士奇在上海遭到敌人逮捕，并被杀害。那时候的贺怡才二十岁，按照当今社会的标准，还只是一个小姑娘。但经历了几年革命斗争考验的贺怡，已经是一个很成熟的革命者了，她强忍着内心的思念与悲痛，努力为党工作着。

　　1931 年 7 月，经组织批准，贺怡与毛泽覃结为夫妻。

　　1 月 22 日，红四军出击赣南，攻下了大余县城。当敌人反扑过来，激烈的枪声传到军部时，已形成了对大余的包围。时任三十一团一营党代表的毛泽覃腿部负了重伤。

　　部队撤出大余县城后，来到井冈山东北部的东固休整一周。贺子珍的父母就住在这里。部队要出发了，曾山找到贺子珍的妹妹贺怡，交代了一项特殊任务：照顾不能随军行动、需要在东固养病的毛泽覃。毛泽覃留下来后，任中共赣西特委委员、东固区委书记，一面养伤，一面工作。为了治好毛泽覃的腿伤，贺怡找来了一位郎中。郎中告诉她，好长时间没药了，办法只有一个，上山采药。为了找寻这种草药，贺怡不畏艰辛，从东山找到西山，终于在一座山崖上找到了药。毛泽覃佩服贺怡的胆量，也感激她为自己的付出。经过贺怡的悉心护理，毛泽覃的伤势渐渐好转，毛泽覃伤愈后，赶回了部队。

　　刘士奇离开江西后，贺怡一度被停止了工作，接受组织检查。赣西南特委全面审查了贺怡担任特委妇女部长期间的工作表现，最后结论为"工作很有成绩"。不久，特委恢复了贺怡的职务。1931 年 6 月，贺怡担任江西永吉泰特委委员兼保卫局长，不久又负责妇女部工作。

　　这时，毛泽覃也调任永（丰）吉（安）泰（和）特委书记，和贺怡工作上又有了接触。贺怡自两年前护理毛泽覃以后，尽管两人也经常见面，但毕竟不常在一起。尤其和刘士奇结婚后，与毛泽覃见面就更少了。即使两人见了面，也只是一般地寒暄而已。

　　但在毛泽覃的心目中，贺怡的身影总是抹不掉，与贺怡相处那段日子的情景，常在他脑海深处浮现。现在，他们又在一起工作了，毛泽覃有一种说不出的愉快感。他俩在工作上共同商量研究，生活上互相体贴关心，彼此之间的了解自然增多。

　　7 月初的一个夜晚，天下着小雨，野外漆黑一片。特委妇女部长贺怡，去沙溪村开妇女大会还未回来。毛泽覃望着窗外漆黑的天，心里老是放不下。近来敌人经常派人潜入苏区，杀害红军干部，一个年轻女子黑夜独自走七八里山路，很不安全。毛泽覃一想到这里，立即挎好短枪，打着火把去沙溪村接贺怡。毛泽覃的体贴关心，深深打动了贺怡的心。两位年轻人终于碰撞出爱情的火花。

　　1931 年 7 月，经组织批准，毛泽覃和贺怡结为夫妇。

　　1935 年 4 月，毛泽覃率领的红军独立师被打散，他便率领部分游击队员穿山越岭，来到瑞金县黄鳝口一个名叫“红林”的大山之中。高山上有个名叫黄田坑的小村子，在一位好心老乡的带领下，毛泽覃和红军战士夜宿在村后一个僻静的小屋里。第二天清晨，山中突然响起一阵枪声，敌军在叛徒带领下，向房屋包抄过来。毛泽覃机警地冲到门口，命令游击队员们迅速从后撤往山上，他自己则端起枪向拥来的敌人猛烈扫射。敌人以小丘、丛林作掩护，从四面向毛泽覃逼上来。一阵枪弹飞过来，毛泽覃右腿一阵剧痛，鲜血染红了草地。战斗中，毛泽覃英勇牺牲。

　　毛泽覃牺牲的噩耗，如晴天霹雳，差点把贺怡击倒。她抱着襁褓中毛泽覃未见过面的孩子，泪流满面。贺怡毕竟已是经历了九年斗争磨炼的共产党员，丈夫为革命献身的精神，给她以战胜一切挫折的力量。她为革命仍呕心沥血地工作，直到新中国成立。

1949年11月，时任中共江西吉安地委组织部长的贺怡，向地委请了假，乘一部吉普车前往赣南找寻毛泽东和姐姐贺子珍长征前留在江西的孩子小毛。多年以来，寻找小毛一直是贺怡的一块心病，她常为这事内心深感不安。此次尽管寻找了许多地方，但孩子仍无下落。11月21日，贺怡怀着失望沮丧的心情返回吉安的路途中，驾驶员因疲劳而方向盘失控，车就像断了线的风筝直冲下路旁的稻田里。贺怡当场身亡，时年仅38岁。毛泽覃与贺怡生育的孩子取名毛岸成，出生不久就送到贺怡的亲友家中寄养，改名贺麓成，1948年才来到贺怡的身边。贺怡去世后，贺麓成来到姨妈贺子珍的身边生活，后考入上海交通大学，大学毕业后，来到钱学森麾下工作，后来成为新中国自己培养的新一代航天专家。

# 三　烈士后代刘子毅

由于战争环境的残酷，刘士奇与贺怡所生之子刘子毅寄养于江西兴国。但是，党组织没有忘记小子毅这个烈士的后代，1934年，刘少奇派他的夫人何宝珍将小子毅接到上海，由他们抚养。后来刘少奇奉调到满洲省委工作，何宝珍带着小子毅在上海坚持地下工作。不久，刘少奇在东北被捕，何宝珍也在1934年被捕后牺牲，孑然一身的小子毅又一次失去了家庭的温暖。随后便由无锡一个裁缝收做养子。三年后的一天，不堪虐待的小子毅逃出了裁缝家，又辗转流浪到上海，沦落街头与小乞丐为伍。

1937年"八一三"上海抗战后，小子毅随逃难的人流到了南通，被一位木匠老板收留，后又随难民逃往武汉，住进了难民收容所。

　　刘子毅除了党组织对他的关心外，还有一个人对刘子毅更是牵肠挂肚，这个人就是贺怡。红军长征后，贺怡便只身一人从苏区突围到上海。她时刻惦记着儿子想着一定要将他找到。1938年在地下党组织的帮助下，贺怡一路从无锡、南通再到武汉，沿途打听寻找，历尽辛苦，终于找到了小子毅。在周恩来的亲自关照下，将烈士的遗孤送到了专门培养烈士子弟的延安小学。自此，小子毅在延安生活、学习，一直到抗战胜利。

　　1945年，抗战胜利后，已从延安中学毕业的刘子毅，随母亲贺怡一起被分配到东北去工作。他先后担任过哈尔滨市公安局某分局副局长、牡丹江市穆棱区委书记、哈尔滨工业大学人事科长等职。1948年年底，贺子珍由苏联回国，留在东北工作。她第一次见到刘子毅这个姨侄时，见他聪明伶俐，年轻英俊，为人正直，非常喜欢他。1949年，刘子毅随贺怡一起调回中华人民共和国成立后的江西工作，贺怡任中共吉安地委组织部长。1949年11月，贺怡不幸遇难，党组织便将刘子毅调往上海工作，顺便照顾贺子珍。

　　在1964—1965年间，刘子毅在上海铁路公安处工作，担任副处长，负责治安警卫和中央领导用车的保卫工作。那时江青常乘车到上海来，每次都颐指气使，大搞特殊化。刘子毅在延安时就熟悉江青，因此对她的特殊化非常不满，并对林彪的活学活用也颇有微词，以致招来了横祸，"文化大革命"开始后，江青及其在上海的死党便将他打成"三反分子"，还说他冒充革命烈士之子，对他实行了惨无人道的毒打和监禁。1968年5月，刘子毅被迫害致死。

姐妹情深：贺子珍与贺怡（右）

# 第九章

# 胸怀磊落，顾全大局离江西

## 一　险境重重离江西

为了维护党内团结，珍惜赣西南来之不易的大好的革命局面，刘士奇在蒙受错误批判的情况下，毅然离开了江西。虽然他心情沉重，但是他走得光明磊落，对党的工作，他没有愧疚。

那时，从江西苏区到上海的秘密交通线有两条：一条是陆路经浙江抵沪；另一条是从苏区经长汀、上杭、永定、大浦、潮州，转水路乘船至汕头、香港，再到上海。因浙江一带敌人布防重重，从安全方面考虑，党组织往往舍近求远，领导人两地来往大多是走第二条路线。

8月的一天清晨，天将拂晓，村中偶尔传来一两声鸡鸣，露珠还挂在草尖微微颤动，空气中传来丝丝凉意。刘士奇收拾简单的行李，告别妻儿，离开陂头村，在卓雄和警卫员的护送下秘密前往上海党中央。这时，村头的大树下，闪出了几位熟悉的声影，曾山带领几个同志为刘士奇送行来了，曾山大步走上前，紧紧地握住了刘士奇的手，两位老战友相互凝视着，不禁泪眼朦胧。千言万语涌上心头，却不知从何说起。他们知道，也许，这一去，就意味着永别了！曾山低沉而有力地说道："保重！"刘士奇目光坚定，用力地握了握曾山的手，算是对他的回应。战友们纷纷围上来，刘士奇与他们一一握手告别，互道珍重。

为安全起见，刘士奇与卓雄决定舍弃道路，攀越人迹罕至的大山。卓雄通过地下交通员在当地找了一个向导，在向导的带领下，从敌人的眼皮底下穿过去，利用水车春米房"轰隆隆"的响声，潜过一条小河，钻进了大山。

摆脱了敌人的严密监视，一行人心里有说不出的高兴。大家来到一片茂密的树林里，抬头一看，只见群山高耸，山头相连，山间云雾缭绕，到处是悬崖峭壁；山上无路可走，一不小心，就会掉入万丈深渊。大伙儿不觉停住了脚步。为了不出现意外，刘士奇命令战士把腿上的绑带解下来，几个人捆着腰，相互牵扶着，小心翼翼地试探着，使出了浑身的解数，好不容易翻越了一个又一个山头。

卓雄和警卫员将刘士奇一路护送到了潮州，将他送上了去汕头的轮船，这才松了一口气。卓雄眼含热泪，与首长依依惜别。卓雄原名赵才廉，12岁那年就被思想激进的表叔带出来参加了革命。来到刘士奇身边担任机要员后，刘士奇将他的名字改为卓雄，意为在革命的征途上，要做"卓越的英雄"。

在刘士奇身边工作的一年多时间里，卓雄勇敢机智，多次完成了刘士奇交办的任务；刘士奇坚定的革命意志和雷厉风行的工作作风，深深地影响了卓雄，两人建立了深厚的革命友谊。这时，刘士奇心里也颇不平静，他拍拍卓雄的肩膀，深情地说："谢谢你们一路上的照顾，'送君千里，终有一别'，让我们在革命胜利的那一天相见吧！"从此，卓雄和首长在革命征途分手。在以后的革命生涯中，卓雄牢记首长的嘱托，忠诚于党的事业，英勇顽强，屡立战功，为新中国的解放事业做出了较大的贡献。新中国成立后，卓雄担任了党的高级干部，还念念不忘当年刘士奇对他的培养，曾多次对人谈起他的老首长和革命指路人刘士奇，并撰文深情地回忆。

一路上，刘士奇思绪万千，他把艰难的行程当作对革命意志的磨炼。

## 二　反对"左"倾冒险

1930年5月，中共中央在上海秘密召开了全国苏维埃区域代表会议，赣西特委书记刘士奇由于忙于平分土地和组织攻打吉安，工作繁忙，无暇抽身，委派李文林、曾山作为代表赴上海参加会议。此次会议由李立三主持，会议要求各地红军和地方党的组织集中力量攻打大城市，争取一省、数省的首先胜利，最终实现"会师武汉，饮马长江"的战略方针。

返回后，李文林兴冲冲地来到特委刘士奇的办公室，向刘士奇作了传达。李文林乐观地说："士奇同志，现在的革命形势很好，我们在农村搞的土地革命只是暂时的，我们的最终目标是要——"，说到这，李文林不由自主站了起来，大手一挥，"打到大城市去，彻底打垮国民党反动派，夺取全国的胜利！士奇同志，我们要积极响应呀！"

刘士奇笑笑未置可否，他看了李文林一眼，若有所思地说："依据我们的经验，没有群众条件是很难占领中心城市的，也是很难消灭敌人的。文林同志，你刚刚回来，辛苦了，我看这样吧，你先休息两天，找时间我们再来一起议议吧！"

"那——好吧……"李文林在刘士奇这里没有得到预期的效果，紧绷着脸，扭转屁股，踢踏踢踏地走了。

"当应战显然对敌人有利而对自己不利的时候，而去应战，那就是犯罪。"[①]

---

① 列宁：《共产主义运动中的"左派"幼稚病》，《列宁全集》第31卷，人民出版社，第58页。

对于这种"犯罪",刘士奇坐在椅子上,沉默良久……

赣西南的革命形势,刘士奇当然是最清楚的。现在土地革命刚刚开始,共产党在农村的政权还只在少数地方刚刚形成,我党领导的军队无论是在数量、质量上还是装备上,目前都无法跟反动派抗衡……在攻打吉安的紧要关头,要调集力量去攻击国民党占据的大城市,岂不是冒险吗?最大的危机是党在城市没有基础,中央怎么会作出这样的决定呢?显然不符合赣西南的实际情况啊!

刘士奇站起来,在办公室踱来踱去……将帽子撸下来往桌子上一掼,露出了光脑袋。

刘士奇对李立三的"左"倾冒险主张,既未积极附和,也未及时贯彻。他知道,以毛泽东为首的总前委也是反对这一方针的,毛泽东针对李立三的"左"倾冒险主张适时提出了"诱敌深入"的战略。

这件事就这样拖了一段时间。这时,特委委员以及下面行委负责同志的一些议论不时传到了刘士奇的耳朵里,有人说,刘士奇压制中央和省委的意图,赣西南大好的革命形势就要被葬送了……

为了澄清事实,统一党内同志的思想,8月上旬,刘士奇在吉安富田召开了赣西南特委第二次全委会议。

作为赣西南特委书记,刘士奇完全可以在会前做好相关工作,掌控整个会议走向。然而,刘士奇并没有这样做,他认为,作为一个共产党人,无产阶级革命者,应该光明磊落,无私坦荡。因此,刘士奇安排特委委员李文林先传达全国"苏代会"精神和李立三的中央指示,然后是让全体与会同志参与对时局的讨论,以便澄清思想,统一行动。

## 三　关于"AB 团"

"AB 团"事件是一个敏感的话题。过去，被党史研究者视之为禁区。以史为鉴，可知得失。改革开放以来，我们党本着实事求是的原则，逐渐还原了历史本来面目。"AB 团"事件给后来者带来的也许不只是教训，更多的应该是反思与启迪。恩格斯说："我们要求把历史的内容还给历史，但我们认为历史不是'神'的启示，而是人的启示，并且只能是人的启示。"①

1930 年春天，阴雨绵绵，天气时好时坏。苏区内部流传着国民党"AB 团"对苏区进行渗透破坏，其组织已被陆续破获的消息。根据地的对敌警惕气氛空前高涨，在这样的形势下，中央用"镇压反革命"来要求红军和根据地的党组织。"AB 团"事件弄得苏区人心惶惶，就像这阴晴不定的天气。

但刘士奇对此却有自己的想法，作为一个成熟的革命者，他认为，过"左"的做法只能给革命事业带来损害。刘士奇在一次特委会议上谈到"AB 团"事件，强调特委和各个行委领导要谨慎对待，如果盲目跟风，最后只怕是"针鼻大的眼，碗大的风"。

4 月，中共中央派出巡视员刘作抚来江西，专门督促江西党组织抓紧反富农、肃反"AB 团"工作。

刘作抚鉴于刘士奇反富农、肃"AB 团"不力，亲临赣西南特委下属的几个特委，督促掀起反富农、肃"AB 团"的热潮。5月，赣西南特委刘士奇、曾山等人被多次批评，中央巡视员刘作抚亲自督促，展开了"红色五月"运动。刘士奇加紧了政治宣传

---

① 恩格斯：《美国状况》，《马克思恩格斯全集》第一卷，人民出版社，第 650页。

攻势，提出了不少政治口号，但却不以打"AB团"为任务和手段，而是提出，在实际工作中发现敌特破坏现象后，有针对性地肃反"AB团"。

因为赣西南特委肃反"AB团"的力度不够，作为下级机构的西路行委竟然坐不住了，6月25日，西路行委印发了《反改组派"AB团"宣传大纲》，命令各级组织：如发现群众中有动摇表现不好的分子，应捉拿交苏维埃政府究办，凡生疏人员经过赤色区域必须严格检查，如有嫌疑应立即拘捕交苏维埃政府，赤色区域内的民众流通应持所属苏维埃通行条子。

"现在各级苏维埃应加紧肃清反革命的工作，捕杀豪绅、地主、反动富农分子，以示警戒，但是杀人要有反动事实可证，严禁误杀。"

西路行委隶属于赣西南特委，竟然以下级党委来命令各级党委，严重破坏了党的组织原则。

刘士奇不愿意让肃反"AB团"扩大化，西路行委的这个行为直接受到中央巡视员刘作抚等人的支持，刘士奇、曾山等并无其他办法给予批评和纠正。由此，赣西南展开了激烈的反富农、打"AB团"的活动。肃反"AB团"迅速从基层清洗转移到上级机关。

到了10月，在赣西南3万多名共产党员中已"开除的地主富农有1000多人"，消灭了一千多名"AB团"分子。赣西南苏维埃政府工作人员的四分之一被打成了"AB团"分子，也大多被杀害。

回顾这段历史，我们只能把他们放到当时的历史环境下去理解，理解他们在当时险恶的条件下，在革命的特殊时期，不惜采取了"特殊"的手段而已。尊重历史，才是对历史最好的交代。

# 下 篇

---

## 鄂豫皖　沧海横流

# 第十章

## 黄安鏖战，红四军活捉赵冠英

### 一　对张国焘的抵制

刘士奇在上海党中央机关工作、学习期间，刻苦钻研了马克思、恩格斯与列宁等革命先行者的著作，视野开阔了，理论水平也进一步提高了。他是一个闲不住的人，他渴望到最艰苦、到党最需要的地方去工作！1931 年 6 月，刘士奇受中共中央指派从上海到达鄂豫皖根据地。7 月中旬，鄂豫皖苏区的红四军领导进行调整。徐向前任军长，曾中生任政委，刘士奇任政治部主任。

革命者四海为家。在刘士奇看来，一个真正的革命者不会陷入个人的恩怨纠葛中。面对全新的革命环境，刘士奇很快就调整了心态，以巨大的热情投入到新的工作中。

鄂豫皖革命根据地，它位于湖北、河南、安徽三省边界的大别山区，全盛时期包括有 20 余个县的地区，拥有人口约 350 万，红军达 4.5 万余人。1927 年 11 月，潘忠汝、吴光浩、戴克敏等领导了湖北黄（安）麻（城）地区的农民起义，开辟了鄂豫边根据地；1929 年 5 月，徐子清、肖方、周维炯、徐其虚等领导了河南商（城）南部地区的农民、士兵起义，开辟了豫东南根据地；1929 年 11 月，舒传贤、周狷之、余道江等领导了安徽六（安）霍（山）农民、士兵起义，开辟了皖西根据地。他们各建立了一个师的红军。1930 年 4 月，成立了中共鄂豫皖边特委，郭述申任书记；同时成立了工农红军第一军，许继慎任军长，曹大骏任政委兼前委书记；6 月，成立了鄂豫皖苏维埃政府，甘元景为主席，鄂豫皖革命根据地正式形成。同中央革命根据地南北呼应，战略地位十分重要。1931 年 1 月，红一军与蔡申熙、陈奇领导的红十五军合编为红四军，邝继勋任军长，余笃山任政委。5 月，中共鄂豫皖中央分局成立，张国焘任书记兼军委书记。

1930 年 7 月，鄂豫皖军委在余家坪召开会议，讨论红四军南下的行动方针问题。

军委分会主席张国焘坚持攻英山，出潜（山）太（湖），进攻安庆，威逼南京，并限期一个月完成。

张国焘一到鄂豫皖根据地，就大权独揽，唯我独尊，俨然成了一方诸侯。当然，要论在党内的资格，张国焘也是一个排得上号的人物。他在北京大学读书期间就参加了五四运动，担任过北京学联主席，是北京学生领袖之一。1920 年，跟随李大钊参与北京共产主义小组，组建中国共产党；1921 年 7 月下旬，在中共一大当选为中国共产党中央局成员，是中共的创始人之一。五大为中央委员会委员、中央政治局常委。1927 年 7 月为临时中央政治局常务委员会成员、负责人。1928 年 6 月，六大为中央政治局委员，并与瞿秋白一起任中共驻共产国际代表团代表。正是有了上述经历，1930 年 11 月，张国焘回国进入鄂豫皖根据地后，就开始以领导人自居，大包大揽，发号施令了。

但张国焘的这个主张，脱离实际，有点好大喜功、纸上谈兵的味道。在敌我力量对比悬殊的情况下，红军远离根据地，贸然攻击敌人盘踞的大城市，搞不好，不仅要丢掉已有的根据地，而且有全军覆没的危险。

徐向前、曾中生、刘士奇等人则主张打下英山后，出击蕲（春）黄（梅）广（济），恢复和进一步扩大根据地，再伺机出击武穴，牵制敌人，援助中央根据地反"围剿"。作为在战火中摸爬滚打、在革命斗争的实践中成长起来的革命军人，他们的主张，显然是正确的。但军人以服从命令为天职，徐向前等人暂时保留了自己的意见。

炎炎夏天，8月2日，红四军在徐向前、曾中生、刘士奇等人的率领下，攻克英山城。鉴于敌情与地形，特别是群众的革命基础和配合中央苏区行动之敏捷，均不如转到出击蕲、黄、广，直捣武穴为好。遂一面报告中央分局，一面率部南进，连克蕲水、罗田、广济三座县城，歼敌7个团，并缴获大批武器弹药。

张国焘得知红四军改变了他主张的行动方向后，大为恼火，不顾现实连续三次发函给红四军，指责军部领导"走到公开的对抗"，"是原则上路线上的分歧"，严令红四军"火速回来"，"不能有丝毫的停留"。

红四军的主要领导都清楚抗命的后果，张国焘在某种程度上代表的就是中央。9月初，红四军召开了全军党的活动分子大会：总结南下的工作，讨论分局的来信和下一步行动的方向。

会议一致认为，红四军目前的军事行动是正确的，取得的战果也是辉煌的。但张国焘的严厉斥责，又让大家如鲠在喉，心情异常沉重。大家知道，对占据中央分局书记和军委主席要职的张国焘，在组织上只能表示服从。

徐向前异常烦躁，不停地踱来踱去。

这时，一直处在沉思中的刘士奇站了起来，说："我们红四军的行动不能受阻，向前与中生同志不能离开四军；我是政治部主任，我看，还是让我先回中央分局，向张主席面陈一切。争取他的理解与支持。"

"这，行吗？"徐向前向刘士奇投来询问的目光。

"我看行，"刘士奇满怀信心地回答，"红四军是革命的队伍，是共产党的军队，我们和张主席的分歧只是内部矛盾。同志们放心吧，我去后，一定会解决好的。"

徐向前从旁边走过来，用力握住了刘士奇的手，对他无比信任地点了点头。

不久，刘士奇带着警卫员，一路风尘仆仆，返回中央分局驻地新集，见到了张国焘。

刘士奇立正，向张国焘敬了一个礼："报告张主席，刘士奇特来向您汇报工作。"

张国焘板着一副马脸，鼻孔里哼了几下。

刘士奇知道，张国焘心里不痛快。要说这几个部下胆子也够大的，私自改变了张国焘制订的军事行动计划，这让张国焘的这张脸往哪里搁呀！

刘士奇简短地思忖了一会儿，抬头说道："张主席，徐军长、曾政委托我向您问好，红四军这次打了胜仗，离不开您张主席的领导呢！"

"唔，是吗？"张国焘最担心的还是自己的权威问题，生怕手下的将领们不听摆布。

"四军打下英山后，连克蕲水、罗田、广济三座县城，歼敌7个团，并缴获大批武器弹药。这几个县不但连成了一片，而且，这里的群众基础很好，老百姓非常拥护红军。徐向前总指挥在干部大会上说，这次军事行动的胜利是中央分局正确决策的结果。将士们对中央分局很是敬佩呢，"顿了顿，刘士奇瞧见张国焘张开耳朵听得认真，又补充道，"当然，这对您张主席本人，也没有坏处呀！"

刘士奇适时地给了张国焘一个台阶，让张国焘的虚荣心暂时得到了满足，这样一来，他想要计较的注意力就转到别处了。

张国焘这时倒忸怩起来："这个，这个……红四军的做法也不是不可以的。"他抬头盯着屋梁，屋梁上面接着一个硕大的蜘蛛网，他找了半天，似乎想从中找到一个体面的词语，既能够显示自己的大度，又不失自己在根据地的独尊地位，张国焘干咳一声："古人云'将在外，君命有所不受'嘛。"

张国焘兴致一来，显然以"君"自居了。看见刘士奇默不作声，张国焘故作大度地挥挥手："你回去转告徐向前，这次我是不会计较的。"他故意将"这次"两个字拖得很长，咬得很重。

刘士奇站起来，不亢不卑地说："那我就代表徐总指挥和红四军全体将士，谢谢张主席了。"刘士奇有意将"谢谢"拖得很长，咬得很重。

张国焘干笑了两声。

"张主席，还有什么指示吗？要是没有，我就先走了。"刘士奇说道。

"嗯，也好。我还会找你们的。"张国焘阴阳怪气地答道。

望着刘士奇大步离去的背影，张国焘有点嫉恨，又无可奈何。无聊中，他又抬起一对小绿豆眼，盯着蜘蛛网研究了半天，心里想道，哼，咱们走着瞧，孙悟空还跳得出如来佛的手掌心呀。

随即，曾中生被张国焘撤去红四军政委的职务，由陈昌浩接任，也算是张国焘的杀鸡儆猴吧。

## 二 革命盛事

1930 年 10 月至 1931 年 9 月，像秋风卷落叶一样，革命形势迅疾发展。在毛泽东、朱德等的正确领导下，红一方面军连续取得三次反"围剿"的胜利，中央革命根据地得到巩固和发展，鄂豫皖、湘鄂西、湘赣、湘鄂赣等根据地也都发展到相当规模。中共中央决定以赣南闽西根据地为依托，建立了苏维埃中央政府。

1931 年 11 月 7 日，是十月革命胜利 14 周年纪念日（俄历 10 月 25 日），中华工农兵苏维埃第一次全国代表大会在瑞金召开，会议宣布成立中华苏维埃共和国临时中央政府，选举毛泽东、周恩来、朱德、项英、张国焘等 46 人为中央执行委员，毛泽东为主席。临时中央政府的成立，是党领导土地革命战争英勇奋斗的光辉成果，是中国人民在红色政权道路上大步前进的标志。

中华苏维埃共和国临时中央政府大礼堂旧址——江西瑞金沙洲坝

经过第一、第二次反"围剿"，鄂豫皖革命根据地红军发展到3万人。游击战争也猛烈发展，独立营、团、赤卫军发展到20多万人。为了统一指挥，加强红军建设，迎接更大规模的作战行动，中共中央决定成立红军第四方面军。方面军下辖红四军和红二十五军，共4个师，即第十师、第十一师、第十二师和第七十三师。原红四军军部改编为方面军总部。徐向前任总指挥，陈昌浩任政治委员，刘士奇任政治部主任。

这一天，黄安七里坪的河滩上，红旗招展，欢声雷动。苏区军民热烈欢庆中华苏维埃共和国临时中央政府的成立，热烈欢庆中国工农红军第四方面军的成立。

红军第四方面军举行了阅兵式。除第七十三师留在皖西活动外，方面军总部及各师部队都整整齐齐地列队在河滩上。王树声担任阅兵式总指挥，徐向前、陈昌浩、刘士奇骑马检阅部队。他们穿着洗得平平整整的灰布军装，神情严肃而威武，这是一支有着独特魅力的战斗部队。

湖北红安（黄安）中国工农红军第四方面军诞生地纪念碑

　　阅兵后，徐向前发表了简短而有力的讲话：红四方面军的成立，是鄂豫皖苏区红军进一步发展壮大的标志，是党领导鄂豫皖苏区人民和广大红军指战员四年英勇斗争的胜利成果。全体指战员要团结一心，戒骄戒躁，为彻底粉碎敌人的"围剿"而努力奋斗。

　　这一天，刘士奇的心情格外激动，革命事业大踏步地向前迈进，这正是他多年来期盼的结果。他为鄂豫皖革命力量的发展壮大而兴奋，更为中华苏维埃共和国临时中央政府的成立而欢欣鼓舞。刘士奇神情肃穆，抬头眺望着南方，那里，是越过敌人重重关卡后的江西苏区，红色圣地，是他曾经出生入死、披肝沥胆，为革命忘我奋斗的地方。那里，有他熟悉的山山水水，有他熟悉的乡亲父老，有他熟悉的革命战友！这是一个他注定难以忘怀的地方，这也是一个在他记忆里存放良久的地方。他的理想、他的奋斗、他的热血，全挥洒在这片红色的土地上，他从没有后悔过，有的只是为共产主义事业奋斗的骄傲。

就在前不久，从中央苏区过来一位联络员，见到刘士奇后，先是惊愕，继而高兴，大声地说："哎呀，我们大家都以为你牺牲了呢！"刘士奇哈哈大笑，幽默地答道："马克思他老人家还不打算收我呢，还要我多干几年革命呢！"

这天傍晚，忙完工作后，刘士奇把联络员悄悄拉到一边，急切地问起妻子贺怡的情况。联络员吞吞吐吐地告诉他，他的妻子贺怡，已经与毛泽覃结婚了。刘士奇一愣，心里五味杂陈，流露出隐隐的不快与愠怒。桂花树下贺怡可爱俏皮的模样，临别前儿子粉嘟嘟的小脸蛋，又浮现在他的眼前……联络员看出了刘士奇的窘态，连忙说："对不起，刘主任，是我多言了，不应该告诉你的；要不，你写一封信给贺怡吧。"刘士奇很快从失态中恢复了过来，平静地说："革命斗争嘛，环境残酷，生死难料，她一个女性，也难为她了。我看信就不写了，请你转告贺怡，保重好身体，继续革命！"说完，刘士奇转身离开，大踏步走了。

革命，意味着牺牲，这种牺牲并不仅仅是生命，还包含很多东西，包括爱情。

乱世的爱情，总没有多少圆满地收场，何况刘士奇、贺怡都是那样充满激情的革命者。刘士奇一路默默地想着，心里暗暗立誓：革命者四海为家，为了穷苦百姓的翻身解放，为了共产主义革命事业的胜利，一定奋斗到底，不惜流血牺牲！

## 三　围困黄安城

自从中央苏区粉碎敌人的第三次"围剿"之后，敌人在对中央苏区实行报复的同时，在鄂豫皖苏区周围也增加了兵力。就在这一年，"九一八"事变爆发，全国掀起了声势浩大的抗日反蒋浪潮，国民党统治阶级内部各派的斗争也在加剧。这使得蒋介石集团难以应付。

蒋介石对鄂豫皖苏区的"围剿"终因兵力不足，迟迟没能部署就绪。

这些天来，刘士奇一直在积极思考红四方面军的下一步行动。一天深夜，徐向前委派通信兵赶到刘士奇的住所相请；刘士奇正中下怀，知道徐向前此时相请，事关重大，二话不说，披上衣，匆匆出了门。

此时，徐向前的办公室兼卧室里，还亮着灯。警卫员进去通报后，刘士奇放轻脚步进去，只见徐向前正伏在一张长桌子上，面对地图，认真地研究着。

徐向前热情地站起来，招呼道："士奇同志，你来得正好，我们先来看看地图吧！"

徐向前与刘士奇共事的时间并不长，但刘士奇极力支持他的工作，维护他的权威，两人合作很是融洽。刘士奇在部队开展的政治工作，有条不紊，经验丰富，给他留下了深刻的印象；尤其是在拥护红四军正确的军事行动，直谏张国焘、敢于担当的精神，让徐向前深为敬重。

不一会儿，陈昌浩也匆匆赶来了。

趁此时机，徐向前把准备采取主动进攻、南下作战的策略，和盘托出。

三个人伏在地图上，比比画画；几乎在同时，将手指指向了同一个方向，三人不觉抬头相视而笑。

三人选定的第一个目标就是黄安城。

黄安城，是南线敌人离根据地中心区最近的一个重要据点，处于根据地和游击区的包围之中。守敌六十九师，9月从豫西移驻黄安后，屡遭红军游击袭扰，士气低落。该师师长赵冠英（人称赵瞎子）是湖北的地头蛇，惯匪出身，奸诈狡猾。在 1927 年黄麻起义时还只是国民党军营长，他当时充任突袭黄安的急先锋，所过之地，民众尽遭杀戮，房屋焚烧殆尽。人民群众对他恨之入骨。但他却凭此一路青云直上，当上了师长。不过，在一次战役中，他的右眼被红军战士击中，自此得了"赵瞎子"、"独眼龙"的外号。

赵冠英坐镇黄安城后，听到红军来攻城，便跷起二郎腿，神气十足地对部将说："黄安城固若金汤，我正愁他们不来攻，这下好了，正好报我的一箭之仇。"这番话立马暴露出赵冠英的心性，好大喜功。

"师座说得在理，我们定效犬马之力。"众官佐拍马屁附和。

赵冠英也不是省油的灯，自到黄安城后，修筑了许多工事，碉堡林立，构成了一个比较完整的防御体系。同时，黄安守敌还可得到宋埠葛振山的三十师、麻城张印相的三十一师、黄陂葛云龙的三十三师、孝感的四十四师的策应，可谓是固若金汤。

对黄安这股敌人实行强攻显然不行。红军火力不强，也没有炸药及其他爆破器材，以现有的武器装备去强攻敌坚固设防的据点，只能增加无谓的伤亡。徐向前、陈昌浩、刘士奇想采用诱敌出城之计，在运动中予以歼灭，但是，老奸巨猾的惯匪赵冠英能出来吗？宋埠、麻城、黄陂的敌人如果来援，怎么对付呢？

经过徐向前、刘士奇等人的深思熟虑，红四方面军召开了军事会议。会议提出"围点打援"歼敌的作战方案：第一步，以十二师进攻城西敌据点，以十一师和黄安独立团拔掉城南桃花和高桥河据点，扫清外围，切断敌联系，以十师第三十团为预备队；第二步，围城，并准备打击宋埠、黄陂方向可能来援之敌；第三步，条件成熟时，发起攻城，歼灭守敌。

会上，大家热烈地进行了讨论。刘士奇率先发言："只要我们对黄安城围上一月两月，不仅赵瞎子吃不上饭，睡不着觉，我们还能吸引宋埠、黄陂和麻城等地的敌人来援，在运动中包他几个饺子，让他们有来无回。"

"对，让他们有来无回，打个痛快。"众将领一时热情高涨。于是，围困黄安的战役部署决定了。战役发起时间定在11月10日晚。

黄安县党组织和政府得知红军南下攻城，立即组织群众踊跃支援。运粮草、送弹药、抬担架，妇女们组织慰问队、救护队，为红军烧茶做饭，洗衣服，看护伤病员。群众中流行这样一首歌：

"快来！兄弟姐妹们！排好队，呼口号，欢送我红军。攻下黄安城，活捉赵冠英……快送，快送糍粑，快送草鞋，拥护我红军。"

又有歌这样唱道：

"小小黄安，真不简单；铜锣一响，四十八万；男的打仗，女的送饭。"

各地的赤卫军和游击队就在敌人据点附近积极活动，打岗哨，砍电线，烧哨棚，散传单，伏击敌人粮道、交通线，搅得敌人昼夜不宁。

红四方面军团以上干部军事会议结束后，红十一师第三十二团政委张广才和团长林维权奉命率部打援。他俩回到驻地，对部队简要动员后，即带领部队开始行动。几天征战，第三十二团攻城略地，夺得黄安外围的支撑点——高桥镇和桃花镇，全歼赵冠英部的一个团，首战告捷。

赵冠英丢失了两个重要支撑点后，心急如焚，忙令两个团的兵马出城，企图夺回高桥镇和桃花镇。

"来得正好，红军爷爷正在等着你们呢。"担负围城战斗任务的红十二师师长陈赓看到赵冠英的人马前来，命令部队："打！"红军官兵的轻重机枪和手榴弹一齐怒吼，出城的敌人死伤一片后缩回城内。敌人再攻又遭打击。红军乘胜挤压，赵冠英又丢失了城外的一些支撑点，黄安城被红军包围得更牢了。

　　红军攻占桃花、高桥河等地后，完全切断了黄安守敌与宋埠、黄陂敌人的联系。黄安城内给养日渐减少，敌人接济黄安守敌的300担棉衣以及大批军需品也被红军截获，敌方士兵忍饥挨饿，缺衣少食，十分狼狈。赵冠英派去搬救兵的军官，还没有来得及给主子复命，就当了红军的俘虏。

　　赵冠英久等不见援兵，于11月22日派出三十师两个旅向南出击，企图打通与宋埠的联系，但在郭受九一线遭到红军十二师第三十六团的顽强阻击，只得龟缩回城。23日，敌又以两个团的兵力再次向南出击，先头部队一度进至障山，但被红军迎头痛击后狼狈溃逃。这两次作战，共歼敌1000余人，缴枪700余支，迫击炮1门。

红军攻打黄安城场景

## 四　活捉赵冠英

　　此时梁鸿恩已攻到离黄安城仅五千米的地方，进到了红军打援部队坚守的最后一个山头。赵冠英也在一个劲地突围，红军被夹在中间，形势十分危急。连长陈再道把守着关键的一个山头，死守不退。南京军援军还在一个劲地朝前攻击，红军一些单位因为指挥员被保卫队抓走了，虽有人自动站出来替补指挥但仍混乱不堪。

正在危急时刻，王树声回来了。他看了看战局，将上衣一脱，箭一般直接冲向前沿阵地。

徐向前他们来到主阵地一个山包的后面，站在一棵马尾松树下，不时地用望远镜向前方观察。山下就是战场，负责打援的十一师正在那里与敌人激战。子弹到处乱飞，迫击炮弹不时地在山腰上爆炸。徐向前、刘士奇仍然泰然自若地观察战场情况，身旁的马尾松被射来的子弹打得枝落满地。

忽然，徐向前身子向右一侧，右胳膊上流出了鲜血。陈昌浩、刘士奇等人惊呼一声"不好"，几乎同时扑向徐向前。徐向前左手向山下一指，高声喊着："不要管我，坚决把敌人压下去！"随即又令陈昌浩、刘士奇、秦基伟、陈再道、刘震等人："去，统统都去，坚决把敌人的援兵打下去！""是，坚决把敌人援兵打下去！"刘士奇答应着，朝战士们一挥手，愤怒地呼喊道："为军团长报仇，冲啊！"

红军指挥员呐喊着，奋勇冲杀。

总指挥负伤，更激起了指战员对敌人的愤恨，各路红军都在向敌人猛扑。

附近的群众和赤卫队、游击队也纷纷投入战斗。顿时漫山遍野，红旗招展，杀声震天。各部队的掌旗员高举着红旗，哪里敌人多就冲向哪里，红旗指向哪里，战士们就杀向哪里。

梁鸿恩的攻势终于被遏制住了。徐向前顾不得伤痛，带上陈昌浩、刘士奇发起冲击。

王树声士气更增，猛冲猛杀，敌人遭到突然打击，惊慌失措，溃不成军，争相逃命，丢下 1000 多具尸体，800 余人缴枪投降。红军乘胜追击，直追宋埠。企图突围的黄安守敌，刚一露头就被打了回去。黄安守敌经红军 20 多天的围困，已是弹尽粮绝，待援又无望，军心更加动摇。不少人黑夜潜出城外投诚。

22 日，黄安天气晴朗。上午 9 时，一架飞机飞到黄安上空。敌人还以为是他们的救星来了，纷纷从白雪覆盖的工事里跑出来，呐喊呼叫。敌人师部也忙着在地上摆标志，好让飞机空投。正当敌人欣喜若狂的时候，飞机扔下的不是大米白面，而是炸弹、迫击炮弹和大捆大包红军的宣传品。顷刻之间敌人乱作一团，他们万万没有想到日日盼、夜夜盼，盼来的却是红军的"列宁号"飞机。

**红军第一架飞机"列宁号"飞机**

说起这架"列宁号"飞机，还有一段有趣的故事。那是 1930 年 1 月的一天中午，一架双翼德国容克式高级教练机降落在宣化店东南的陈家河。驾驶员还以为那里是国民党统治区，他坐在驾驶舱里一动不动，不断向围拢来的人群吆喝："赶快去报告当官的，想办法给弄点汽油来。"等他看清围着他的都是苏区赤卫队员时，才发觉自己同飞机一起当了红军的俘虏。这架飞机是四川军阀刘湘的军用飞机，刚从美国买来不久。驾驶员龙文光，这天从南京驾机回四川，因迷航油料耗尽而被迫降落。经过教育，龙文光愿意留在根据地服务。1931年2月新集解放后，徐向前和刘士奇等人命令把飞机运到新集，并由龙文光等人把飞机安装好，重新涂上一层灰色的油漆，机翼两端漆上了两颗耀眼的红星。这是中国工农红军拥有的第一架飞机。为了对伟大的革命导师列宁表示敬意，特区苏维埃把它命名为"列宁号"。

黄安守敌遭"列宁号"轰炸后，更加慌乱。红十二师第三十五团乘敌惊魂未定，一举攻下城北的课子山，将敌人压入城内。23日夜，总攻开始。第三十五团从城西北角首先突入敌阵地。敌人节节后退，做最后的挣扎。

"啪啪！"赵冠英一连打死两个携枪跳城墙的士兵，对副官说："皮副官，你带督战队督战，谁逃跑就毙了谁！"

皮副官听命，带顽固分子督战。为了挽救败局，赵冠英死死抓住话筒，声嘶力竭地对蒋介石呼唤："再派不来援兵，黄安就要失守了……"

"稳住、稳住……"蒋介石一面向赵冠英打气，一面急令驻黄陂、宋埠的4个旅，分两路再次向黄安外围的桃花镇扑来，以给黄安城解围。

红十一师在师长王树声指挥下，与敌在桃花镇地区接上了火。战斗一开始就打得很激烈。敌我双方攻守拉锯，直到展开白刃战。忽然一股敌人冲到第三十二团指挥所，张广才和团长各操起一支长枪，向敌人迎上去。他们左挑右刺，一连放倒两个敌人，余敌怕死赶忙后退。

刚打退一股敌人，另一股更多的敌人蜂拥着又上来了，50米、30米、20米……一步一步向团指挥所逼近，敌人叫嚷着要抓活的。

战士们视死如归，警卫员、通信员，还有炊事兵，都打开手榴弹，准备迎战。

"嘀嘀答！"冲锋号声陡响，"呼啦啦"红旗飘展，徐向前、陈昌浩、刘士奇等人亲率三路劲旅，如天兵飞降，以排山倒海之势，向敌人发起了锐不可当的攻击。

红军将士精神振奋，勇猛反击。敌援在红军的强大打击下，再一次被打退了。

赵冠英彻底绝望了。

12 月 22 日夜，红军在发起黄安战役的第 43 天，开始总攻。一支支突击队飞速登城。赵冠英的部属纷纷逃亡，任凭他怎么恐吓、呼唤也没人听。他众叛亲离，只好也混迹在乱兵中逃命而去。不过，赵冠英还是诡计多端的，他为了蒙混过关，一面让皮副官穿上他的军服，装扮成自己，去当替死鬼。一面从被打死的士兵身上抓了把血抹在自己脸上，并用一块破布把右半个脸包裹住，生怕被我军认出他这只独眼龙。

"站住，缴枪不杀。"赵冠英和一队士兵逃到高桥镇的一个土坡下，被红军战士发现。真是冤家路窄，赵冠英暗自叫苦。

红军战士把俘虏押在一起，集中送往方面军政治部。

刘士奇按红军政策，对俘虏进行教育。他在讲话时，发现一个俘虏头上包裹着破布，心里生疑："会不会是赵瞎子？"他不禁走上去，冲那个俘虏厉声喊："抬起头来。"

那个俘虏很不情愿地缓缓抬起头，看起来，他蓬头垢面，但脖子上却露出了白皙的皮肤。

"士兵谁能这等细白？看来有诈。"刘士奇一步跨上去，扯开那个俘虏右眼上的破布，随之露出一只瞎眼，刘士奇逼问："你是干什么的？"

"伙夫。"赵冠英小声答。

"不对。"刘士奇上前一把抓住"俘虏"的衣服，提起来，面对众俘虏："他是什么人？谁认识？"

"我们赵师长。""赵瞎子……"众俘虏纷纷说。

"赵师长，你还有什么说的？"刘士奇讽刺地说，"谢谢你这只右眼的帮忙。你步步高升，成也是它；你能够有今天，败也是它。"

"哈哈！"红军战士和众俘虏听了都捧腹大笑起来。

这次战役，历时43天，共歼敌1.5万余人，俘敌师长及赵冠英以下官兵近万人，缴枪7000余支、迫击炮10余门、电台1部。红军用缴获的一部15瓦电台，组建了无线电通信部门，正式与中共中央建立直接的无线电通信联系；随后又与江西苏区和湘鄂西苏区沟通了无线电通信联系。

战场在紧张的打扫中。刘士奇望着脚下那些凄凉贫瘠的田园，荒芜破败的土地，不禁隐隐作痛，昔日老百姓的家园已成了一片废墟。扑倒在敌人尸体上的红军战士的遗体，英勇的红军将士们冲进敌群刺杀到死方休的壮烈场面，到处可见。刘士奇的心情异常沉重，这些可爱的战士们，昨日还是英姿勃勃、健康鲜活的年轻生命，如今却长眠在这片血腥的土地上。也许，他们还是为人子；也许，他们刚为人夫、为人父；他们的父母、妻子、儿女，还在倚门而望。想到这儿，刘士奇默默地举起右手，向这些烈士们敬礼，表情十分凝重。

老乡们返回自己的家，他们满腔仇恨，无比愤怒，拿起手中的家伙，直向俘虏奔去，一顿乱打。正是那些万恶的魔鬼烧了他们的房屋，杀了他们的骨肉，使得他们家破人亡，骨肉分离。红军战士不得不使劲围住俘虏，拦开群众，以免群众当场把他们打死。

审查敌俘的工作也在紧张地进行中，只要不是老兵油子和地富家庭出身，而又志愿参加红军的俘虏，立即批准其参加。其余

的发给路费遣散回家，在遣散之前，由红军代表统一训话，希望
他们觉悟，归田去打土豪，不用再当兵，不要再来打工农红军。
敌人的伤兵则上好药，发给路费，又让他携带大批传单，雇农友
将其抬到敌占区附近去。敌人接到大批俘虏伤兵，气得嗷嗷叫，
因为这些人蒙红军不杀之恩，深觉得红军是无产阶级的军队，俘
虏们回来后必然要交头接耳谈论红军是如何如何的好，反动军官
诬蔑红军的宣传自然不攻自破。

　　黄安城解放了，黄麻起义时飘扬过红旗的城堡，如今又是红
旗招展。苏区人民载歌载舞放声高唱：

　　　　我们工农红四军，
　　　　南下胜利大得很，
　　　　夺取了黄安城，
　　　　消灭匪军一师整，
　　　　活捉赵冠英，
　　　　一网打尽反动派……

红四方面军政治部办公室

# 第十一章

# 铁壁围城，苏家埠全歼敌军

## 一　运筹帷幄

黄安战役后，1932 年 1 月中旬，红四方面军在徐向前、陈昌浩、刘士奇等人的指挥下又乘胜组织商（城）潢（川）战役。同月，成立了中共鄂豫皖省委，沈泽民任书记。

这次战役，红军再次运用围城打援的战术，在豆腐店地区以 10 个团的兵力，击溃敌 19 个团的兵力，使刚刚投入鄂豫皖战场的蒋介石嫡系部队大败而归。商城守敌五十八师惧怕重蹈黄安覆辙，也弃城南逃，红军不战而克商城。歼敌约 5000 余人，缴枪千余支。随后，红军乘胜北上，围固始，克三河尖。敌军闻风丧胆，纷纷退守光山、罗山、潢川、麻城、宋埠等地，依托工事坚守。

敌人惶惶不可终日。豫南敌军刘峙给南京政府发出特急电："因防剿已久，以种种困难，非惟无功，每多失利，官兵志气衰惫，又不愿剿办，视此情形，极为焦灼，深恐一旦溃决，不可收拾。"

敌人不甘失败。皖西敌军，企图沿淠河东岸据点固守。敌陈调元部已进驻苏家埠和青山店，准备继续向根据地进攻。

为了定下对敌之策，红四方面军总部召开了军事会议。两军对垒，智勇者胜。如高明的棋手，每走一步，都必经深思熟虑。

徐向前一面抽烟，一面细心听取大家的发言。这时候天空正飘着雪花，室内的"诸葛亮"会正开得热烈，大家丝毫没有感觉到寒意，纷纷发表自己的意见。徐向前时而点头，时而沉思。

"士奇同志，请谈谈你的看法吧！"徐向前又点将了。

刘士奇谦虚地搓搓手，站了起来，他清清嗓子，首先分析了敌情：陈调元在六安至霍山一线部署了12个团，以苏家埠为枢纽，沿淠河东岸构成一线防御。在六安县城，驻有岳盛瑄的四十六师师部和五十五师的第一六三旅，还有第一三七旅和警备二旅的各1个团；在马家庵驻有第一三七旅旅部及第二七四团；在韩摆渡驻有警备2旅的1个团；在苏家埠驻有第一三八旅全部和第一三六旅旅部及1个团；在青山店驻有第一三六旅的另1个团；在霍山县城驻有警备1旅。敌人的二线兵力的配备是：合肥驻有五十五师另外两个旅，潜山驻有第五十七师，蚌埠驻有第七师，距六安、霍山都比较近。

刘士奇接着说："从敌人的布阵中，皖西苏家埠是个弱点。根据敌情，我觉得继续运用'围点打援'的办法较好……"

徐向前若有所思，示意刘士奇继续说下去。

刘士奇谦虚地摆摆手："我看，还是请徐总指挥来说吧！"

大家将目光齐聚在徐向前身上。徐向前略一思考，抬起头来说："同志们，要打破敌人的皖西防线，我们必须拿下苏家埠。因为苏家埠是这条防线的枢纽。但是，苏家埠四周地形平坦，围寨高大，外围壕宽水深，敌人构筑的工事也很坚固，不易强攻。士奇同志分析得很对，我们还是采取围点打援的战术，包围苏家埠，吸引六安、霍山的敌人前来增援，我们在野外消灭他们。具体做法是，先由地方部队在西面袭扰敌人，我主力部队悄悄渡过淠河，出其不备地从侧后分割包围苏家埠、韩摆渡和青山店几处据点。然后一边围困城内敌人，一边等候敌人援军到来聚而歼之。"

有人提出："敌人吃过几次亏，会不会不来呀？"

徐向前说:"我想万一不来,再走下一步。"

会议最后决定东出皖西的部署:由红四军由陈赓率十二师留在商潢地区,牵制豫东南之敌。红二十五军由七十三师包围青山店,待敌人援兵出动后,再负责打击霍山方面过来的敌人援军。总部率十师和十一师东进,在独山同七十三师会合,然后东渡淠河。

陈赓、旷继勋等各位将领站起来说:"请总指挥放心,我们保证完成任务。"

## 二  铁壁围城

战役预定于 3 月 22 日拂晓发起,各部队按照原定计划,分别向目的地进发。

徐向前、陈昌浩、刘士奇率领方面军总指挥部和第十、十一师由固始向皖西地区挺进,在独山镇与七十三师、霍山独立团会合后,于 21 日晚由青山店以西的两河口渡过淠河。七十三师走在全军的最前面,他们在夜色中疾步前进,很快到达淠河岸边的两河口。战士们两个月前刚来过这里,地形都很熟悉,很快就架起了浮桥,渡过淠河,扫清了外围之敌,包围了青山店。随后,十师、十一师也绕过青山店,将前来增援青山店的敌军击溃后,又分别包围了苏家埠和韩摆渡。

青山店的敌人被包围后,苏家埠敌两个团赶忙出援,进至芮草凹以南地区时,与十师先头部队二十九团遭遇。红军抢占了大花尖高地,敌被迫在金杯塘以东一带凭借断崖进行顽抗。

23 日,六安守敌为解救苏家埠守敌,派出两个团的兵力,经马家庵沿淠河南下。敌先头部队刚过韩摆渡,便遭到红军的夹击,被歼一部,余敌来不及退回六安,一个团缩进韩摆渡,一个团逃入苏家埠。红军遂将韩摆渡包围。

至此，苏家埠、韩摆渡、青山店之敌被分割包围。

苏家埠，位于淠河东岸，与皖西北苏区隔河相望，是敌人的一个重要据点。敌人经过多年经营，构筑了坚固的防御工事。在苏家埠的北、东、西三面，环绕着一道沟深2米、底宽3米的城壕和一丈多高的土城，设置了5道栅门、5道吊桥、5座炮楼。此外，在镇外还构筑了高大的木城。在韩摆渡、青山店，敌人都构筑了坚固的工事。

徐向前、陈昌浩、刘士奇召开团以上干部会议，研究下一步的具体行动方案。大家认为，苏家埠、青山店和韩摆渡等敌人据点，寨墙高、壕沟深，工事坚固。而红军呢，一是没有几门炮；二是炮弹、手榴弹也不多，缺乏攻城器材，强攻是不行的。刘士奇谈到了赣西南红军围攻吉安的经验：当时，敌军在吉安城同样是工事坚固，红军强攻不成，便采取围困敌军的办法，终于将敌军拖垮。

徐向前频频点头，说道："现在，我们已将敌人包围分割。我们要把工事修好，给他来个长时间的围困。敌人出来，就依托工事把他们消灭。敌人增援，就在运动中予以歼灭。这样，既可充分发挥我军善于野战的特长，又可避开我们缺乏攻城器材和经验的弱点，做到以己之长击敌之短。"

会上大家一致同意徐向前的意见。决定了下一步的方案：以十师第二十八团和第三十团围困苏家埠守敌；十一师第三十二团和第六安独立团包围韩摆渡；七十三师和霍山独立团除继续包围青山店外，准备打击霍山来援之敌；十一师第三十一团、第三十二团在六安西南的平头岗、樊通桥一线，占领有利地形，构筑工事，准备打击六安出援之敌；十师第二十九团为总预备队。此外，六安、霍山两县的赤卫队，在各该县城附近开展游击活动，配合主力部队作战。

中共六安县委发动广大群众支援红军作战。每天给红军每个师运粮的就有1000多人，加上打柴队、运输队、洗衣队、担架队、慰问队，动员民工上万人。在苏家埠、青山店、韩摆渡前线，到处歌声阵阵，手车辚辚。

担负围困任务的部队，在群众的大力支援下，昼夜抢修工事，仅用一个星期的时间就完成了环绕敌据点构筑交通壕、盖洞、掩体等工事的任务。苏家埠、青山店、韩摆渡等地守敌，已成瓮中之鳖。

三处据点的敌人被红军重兵包围后，惊慌不已，赶紧向六安的第四十六师师长岳盛煊发电报，请求增援。岳盛煊闻讯大惊，急忙调兵遣将，甚至要来了飞机协助。敌军六安4个团，霍山两个团，在飞机的掩护下，同时向三处被包围据点开进，企图南北夹击，救出被围困部队。岳盛煊也亲自到十里桥督战。

敌先头部队两个团已进至苏家埠北的凉水井、桂家老坟一带。

徐向前、刘士奇带领参谋人员亲临前线，不时用望远镜观察战场的变化情况。看到敌人队形已混乱，认为反击的时机已到，便命令第二十九团投入战斗。十一师第三十一团、第三十三团在西，第二十九团在东，像一把铁钳，向敌人发起猛烈攻击。经过激战，敌先头部队被击溃，敌第二七三团被全歼，敌团长也成了俘虏。敌警备二旅的一个团溃不成军，仓皇地逃入苏家埠。岳盛煊见先头部队失利，慌忙率一六三旅退回六安。南面霍山出援之敌也被红七十三师击退。青山店守敌独立团冒死突围，被歼过半，残敌一部绕过济河西岸逃入苏家埠，另一部逃至霍山东北舒家庙，被我地方武装歼灭。

## 三 攻心为上

4月正是黄梅季节，阴雨连绵。红军的战壕里积满没膝深的水。作为政治部主任，刘士奇只要有空，总是要到各部队去看看战士们的生活情况，了解大家的思想状况。这天，他来到十师的一个连队。战士们看到刘士奇来了，都纷纷围拢过来。

刘士奇关切地问："有没有生病的，敌人据点里有什么动静呀？"

一个班长回答说："大家身体都很好，没有病号。老乡们送来大米、猪肉，真像天天过年。敌人开始还很神气，常常打枪打炮，现在已变得死气沉沉了。听说镇内早已断粮了，敌人把老百姓所有能吃的东西都抢光了，军马杀完了就吃老鼠、猫、狗……"

早在1929年12月毛泽东就指出："红军决不是单纯地打仗的，它除了打仗消灭敌人军事力量之外，还要担负宣传群众、组织群众、武装群众……重大的任务。"①

在刘士奇的建议下，徐向前当即命令部队："加强政治攻势，分化瓦解敌人。"

苏家埠四周红军的政治战更加活跃起来。刘士奇组织红军战士向敌军喊话，地方党和政府也派出宣传队，日夜呼叫。

机灵的刘士奇，还编出这样的"劝降诗"：

老乡老乡，快快缴枪。

放下武器，红军有赏；

若不缴枪，困饿死光！

来当红军，前途亮堂；

愿回家乡，发给光洋。

优待俘虏，人身保障；

早日来归，早见天光。"

在刘士奇的带动下，红军宣传队进一步发扬光大：

老乡老乡，不要打枪。本是穷人，理应反蒋。为蒋卖命，为的哪桩？

上有父亲，下有儿郎；一年到头，难见妻房。长官待你，何时一样？长官洋面，鱼肉鸡汤。你们吃糠，树皮啃光；更有兄弟，饿死床上。飞机运粮，有啥指望？

红军围城，铁壁一样。"待援""突围"，都是妄想。今日觉醒，不要上当。调转枪口，对准刘王（指刘玉林、王藩庆两个旅长）。活捉陈贼（指陈调元），欢庆解放。"

---

① 《毛泽东选集》第一卷，人民出版社1991年版，第86页。

在红军的军事围困和政治攻势下，敌军军心更加动摇，携械投降的日日增多。

这正如列宁所说："政治揭露工作本身就是瓦解敌人制度的一种强有力的手段，是使敌人所有那些偶然或暂时的同盟者离开他们的一种手段……"①

此时，蒋介石刚刚在国民党四届二中全会上重新上台，担任国民政府军事委员会委员长，政府也刚刚从洛阳迁回南京，他还要处理淞沪抗战的善后，应对国联的调查团，以及伪满洲国成立等事宜，一大堆烦心事让他暂时无暇顾及鄂豫皖红军的战事。

截至4月中旬，苏家埠和韩摆渡的敌军被我军围困快一个月了，弹尽粮绝，只能靠吃野菜啃树皮度日，敌人飞机空投下来的物资也多为我军缴获。由于据点里的老百姓也遭遇饥荒，我军出于人道主义精神，与敌军协商，将老百姓接出了万余人，予以安置。

敌军官哀叹："被围达二十余日，外绝援军，内乏粮秣，马匹食尽，皮制之马鞍与皮鞋等，亦都视为珍品。共军则白饭大肉，隔壕举碗相呼，军心沮丧。"

岳盛煊救援苏家埠和韩摆渡的敌援军遭到我军强有力的阻击，无法前进一步，损失惨重，只好退回到六安。尽管六安到苏家埠和韩摆渡不到20公里，但敌人眼睁睁地看着却无可奈何。岳盛煊这位原北洋直系军阀对此一筹莫展，只能不停地向他的上级安徽省主席陈调元求救。陈调元也是惊慌不已，只好又向他的上级蒋介石求救。

---

① 列宁：《怎么办？》，《列宁全集》第5卷，人民出版社，第401页。

# 四  活捉厉式鼎

到了 4 月下旬，蒋介石终于架不住陈调元的再三告急和求救，命令驻扎蚌埠的第三军军长王均派兵增援。王均是朱培德系的滇军，属于中央军旁系，对陈调元这个原北洋军阀很瞧不上，本不想蹚这浑水，但委员长下令了，不敢违逆，只好派他的嫡系、七师师长厉式鼎率部出援。陈调元为了讨好王均，特意任命厉式鼎为皖西剿共总指挥，让他率领 15 个团两万多人，从合肥出发前往苏家埠救援。

敌人来了那么多，打不打？的确是个难下决心的事。如果打不垮他们，附近只有韩摆渡的一个渡口，又逢河水猛涨，我军没有退路，弄不好要被压下淠河"放鸭子"。这时，张国焘见敌人来势凶猛，心中产生了畏敌心理，不想打了。

打还是不打？真是一个难题。在红四方面军敌情分析会上，大家纷纷发表意见，仁者见仁，智者见智。

徐向前摸透了张国焘好大喜功却又首鼠两端的秉性，他快人快语地说："我们以前不是要跳出苏区与敌决战吗？现在敌人送上门来不打，岂不是错失良机？"众人点头称是。

刘士奇会前与徐向前、陈昌浩等人交换过意见，心里有底，这时他捋起袖子，站了起来，也谈了自己的看法：敌人远道而来，是疲惫之师，我军是以逸待劳；敌军中很多士兵都是我军放回去的俘虏，士气低落，我军则士气高涨；我军有群众和地方武装支持，既占人和又占地利。虽然有些冒险，胜利还是有很大把握的。

他的发言条理清晰，切中要害。各位将领听后都纷纷会意，将目光一齐指向张国焘，张国焘见大家杀敌意志坚定，于是顺坡下驴，只得改变主意，同意打。

打！徐向前当即决定：留下两个团，在地方武装的配合下，分别继续围困苏家埠、韩摆渡；集中两个师的主力，共7个团的兵力，在戚家桥、樊通桥一线，依托既设阵地和有利地形坚决阻击来援之敌，力争予以歼灭。随即命令七十三师在樊通桥以东地区担任正面阻击；十师主力位于右翼，十一师主力位于左翼，伺机迂回包抄，合击敌人；另以七十三师一个营和六安独立团进至陡拔河以东佯作抵抗，诱敌深入。

5月1日，诱敌部队与敌接触后，边打边撤。敌军先头部队第七师第十九旅紧紧尾追，渡过陡拔河。以逸待劳的红军早已是摩拳擦掌，冲锋号一响，战士们端着刺刀勇猛地往前冲，把揭了盖的手榴弹雨点般往敌群中甩，势如破竹，排山倒海，机枪子弹雨点般涌入敌群，敌人死伤无数，根本来不及抵抗。只见红军刺刀白的进、红的出，杀得敌人血流成河，杀得敌人胆战心惊，掉头就跑，兵败如山倒。恰好，一阵暴雨过后，山洪暴发，河水猛涨一丈多高，堵住了敌军的退路。想逃过河的敌人，被洪水一批又一批地冲走，淹死在水中。而敌后续部队因不明情况，仍继续前进，以致人马拥挤，互相践踏，混乱不堪。眼看着红军大部队追赶逼近，步枪、机枪子弹雨点般从后面打来，手榴弹轰轰地爆炸，敌军人仰马翻，尸横遍野。尚未过河的敌人，慌忙抢占附近的老牛口、婆山岭等高地，妄图凭险顽抗。

此时，按照总指挥部的原定计划，十一师主力已由六安城南的七里井、五里塘、大头岸等处迅速向敌右侧后迂回；十师主力和七十三师一部也由戚家桥经庙岗头以南，从敌军左侧后包抄过来。

敌人在飞机大炮的掩护下以密集队形向七十三师阵地发起猛攻。七十三师战士们顽强抵抗，给敌人很大杀伤，甚至还用机关枪打下了一架敌人的飞机。但敌人依仗人多势众，越逼越近，一直攻到离红二十五军军部阵地只有200米的地方。

　　旷继勋没想到敌人这么猖狂，勃然大怒，端起一挺机关枪，带领军部特务队就向敌人冲了过去。特务队是军部最精锐的部队，战士们都是一大一小双枪将，一支驳壳枪，一支花机关枪。看到军长带头冲出去，战士们也都端着花机关枪跟在后面，向敌人边扫射边冲过去。这出其不意的反冲锋一下子把敌人打懵了，前面的一看共军火力凶猛，立刻仓皇后撤，后面的敌人因不了解情况，还在跑着往前冲，结果双方撞到了一块，阵势立刻大乱。七十三师的战士们抓住这一突如其来的战机乘胜冲杀，敌军这下完全顶不住了，溃不成军，大败而逃，中弹落水者不计其数。

　　徐向前、陈昌浩、刘士奇等人站在指挥所的高岗上，用望远镜查看战况，看到一幅壮观景象：陡拔河西岸十几平方公里的战场上，我军主力部队、地方部队和参战群众从四面八方以痛打落水狗之势向敌人发起冲击，敌军东跑西窜，狼狈不堪，有的被击毙，有的举手投降。黄昏之前，战斗宣告结束。厉式鼎率领的两万援兵除少数逃脱外，其余全部被消灭。红军经过两天的激战，将敌分割包围，并捣毁了敌指挥机关。

　　5月3日上午，军部大院门前的空地上坐满了人，打援战斗的总结大会即将召开。红军将领们陆续走进院子，三个一群、五个一伙，有的胡子拉碴，有的眼睛里布满血丝，还有的将领身上挂了彩，但这些年轻的将领们毫不在意，一个个神情振奋，热烈地讨论着刚才的战斗，脸上洋溢着胜利的喜悦。

　　一会儿，刘士奇稳步走进人群，大声问各团领导："在俘虏中好好查一查，有没有抓到厉式鼎？"

　　这时，二一七团洪美田团长想起九连曾抓住一个来历不明的"买卖人"，忙把九连指导员张振才叫到刘士奇跟前，向他汇报了捉"买卖人"的经过：

　　昨天追击敌人的时候，我们九连截获了敌人的一个"滑竿"，俘虏兵说是"总指挥坐的"，但不知道人到哪里去了。战士们继续向前追，发现一个穿便衣的人，正沿着田间小路向东走。战士们喝问：

"干什么的？"

"做买卖的。"

"这里在打仗，你和谁做买卖？"

"买卖人"被问住了，他支支吾吾说不清楚。张振才赶到仔细一看，这人是个富商阔少爷打扮，但一副惊恐的狼狈相。张振才想：这人不是厉式鼎，也是个大官化装的。当时还要追逃敌，就没有工夫细拷问，就派人把他押送到后方看管起来。

听了张振才的汇报，刘士奇马上派政治处长骑马去查问。半个多小时以后，政治处长回来了，经过查问，那人果然就是厉式鼎。

过了一会儿，刘士奇在会上宣布："敌皖西'剿共'总指挥厉式鼎被我第二一七团三营九连活捉了！"

说着，刘士奇大步跨进屋里，拿起电话机向徐向前、陈昌浩报告了这一特大喜讯。

"活捉厉式鼎"的喜讯，传向四面八方……

看到援军全部被歼，苏家埠、韩摆渡的敌军彻底绝望了。这时，红军向其发出最后的通牒：再不投降，就彻底歼灭！无奈之下，被困一个多月、缺粮少弹的敌军于 5 月 8 日被迫缴械投降，他们还举行了投降仪式，把枪摆得整整齐齐，官兵列队欢迎红军。至此，苏家埠战役胜利结束。

历时 48 天的苏家埠战役胜利结束。这次战役，共歼灭敌军 3 万余人，其中俘虏皖西"剿共"总指挥厉式鼎及以下官兵 2 万余人，缴步枪 1.2 万余支、机枪 171 挺、炮 43 门、电台 4 部，击落敌机 1 架。这是鄂豫皖红军取得的一次空前的伟大胜利。5 月 23 日，中华苏维埃临时中央政府发的贺电：这次胜利，给予了全国反帝国主义反国民党的革命运动无限的兴奋，更加强了苏维埃红军对于全国革命运动的领导。

# 五　正阳关开仓放粮

1932 年 5 月，我党寿县正阳关交通站负责人向鄂豫皖苏区中央分局提供一个情报：国民党第十军不久要到正阳关驻防，目的是控制正阳关大批食盐、药品以及粮食和日用品等。

正阳关地处淮河、颍河和淠河三水交汇处，位于淮河南岸，是淮河中游重要的水运枢纽，有"七十二水通正阳"之说。它是一座历史悠久的古镇，是"淝水之战"的古战场，得水运之利，舟楫之便，商贩云集，地理位置十分优越。

当时的寿县等地为敌占区，国民党反动派沿途都有驻军，层层设防。但是，红军太需要这批物资了，苏家埠战役刚刚结束，红军一大批伤病员急需药品治疗。鄂豫皖苏区中央分局接到报告后，进行了认真的研究，决定袭取正阳，但此次作战孤军深入，无异于火中取栗，其艰巨与危险性显而易见。张国焘正在为难之际，刘士奇不假思索，主动请缨，要求带兵袭取正阳，夺取红军急需物资。

尽管刘士奇不是张国焘的亲信，但对刘士奇的血性与胆识，张国焘倒是另眼相看，上次红四军根据敌我实际情况改变了作战方针、张国焘大发雷霆之际，正是刘士奇挺身而出，赶到新集面见张国焘，代表红四军据理力争，使张国焘被迫接受了红四军的作战方针。

张国焘见刘士奇主动领取任务，心里打起了小算盘：此行如果成功，是他张国焘的正确决策，也有功劳嘛；不成功呢，这板子就打在刘士奇的屁股上，正好借机会修理修理这个"刺头"。

张国焘打定了主意，站了起来拍着刘士奇的肩膀，颇有意味地说："'不入虎穴，焉得虎子'，士奇呀，你带旷继勋的二十五军去一趟，这次就看你的啦！"刘士奇沉着地点点头，不愿多说，便转身离去。

刘士奇匆匆赶到红二十五军军部，转达了中央分局的决定。连夜召集军长旷继勋、政委王平章等人开会，研究作战方案。刘士奇铺开地图，和大家一起研究，制定了作战行军路线，决定由王平章率领第二一七团和第二一九团继续打扫战场，清理缴获物资。刘士奇、旷继勋率领军部、七三师特务营、第二一八团和六安独立团，沿淠河挥师北上，经六安县木厂、马头集、寿县迎河集，直逼正阳关。

红军乘船沿淠河北上，第二一八团团长袁芳菊率领所部在前，刘士奇、旷继勋率军部、特务营和六安独立团在后。一路上，红军先后打下六安县木厂铺、马头集及寿县隐贤集、迎河集，这些地方都是由民团把守，敌人已被苏家埠战役吓破了胆，望风披靡，一触即溃，部队很快就接近了正阳关。途中，刘士奇、旷继勋考虑到敌人被击溃后可能会逃跑，决定兵分两路，一路直取正阳关，一路前去埋伏在通往寿县的路上，如果敌人想往寿县逃跑，就在那里阻拦消灭他们。

攻打正阳关之前，刘士奇考虑到，如果强行攻城，会造成不必要的伤亡，就想了个智取的主意，派出一个尖兵连化装成老百姓潜入城内，准备里应外合。5月12日，潜入城内的尖兵连在约定时间内干掉了把守城门的敌军，打开城门，红军大队人马一拥而入，一举攻占了正阳关，关内守敌大部分被歼。国民党正阳关自卫大队长俞禹门、商务会长牛幼臣闻风丧胆，星夜弃城登轮逃跑。

红军占领正阳关后，首先贴出告示：此次本军北上，所到之处，望风披靡，人民拥护，秋毫无犯，鸡犬不惊，公买公卖，分富济贫，有顽抗者，以军法惩治。安民告示贴出后，得到广大群众的拥护。

刘士奇跟着大部队刚进城，迎面走来几个人，领头的是一个操寿县本地口音的年轻人，他指名要见政治部主任刘士奇。一名红军战士将他引到刘士奇面前，他"啪"敬了个标准的军礼："报告刘主任，我叫曹广化，是寿县中心县委书记。"然后又指着旁边一个人介绍说："这个是正阳关特委书记张如屏同志。"刘士奇一听，非常高兴，一边跟他俩握手一边说："欢迎欢迎啊，曹广化同志，张如屏同志，你们来得太及时了，我们正需要了解当地情况呢，快给我们介绍介绍吧。"于是，曹广化、张如屏向刘士奇介绍了正阳关以及寿县地方党组织的状况和军事情况。在红二十五军进关之前，曹广化等人就安排了地下党员秘密监视敌人的行动。敌人出逃后，隐藏了大量的军需物资，都在我地下党组织掌控之中。刘士奇听完情况介绍后，连连夸赞寿县中心县委工作主动积极。随后，在曹广化等人的帮助下，红军不费吹灰之力，缴获了敌人隐藏起来的大批军需物资。

第二天，红第二十五军在火神庙组织召开民众大会，刘士奇在台上宣布了红军和苏区的政策，号召民众起来抗租抗捐。会后组成打土豪分财物队，将荣升、裕丰等十余家大粮行囤积的粮食分给饥民。经过一天分富济贫斗争，正阳地主商霸和资本家的物资被没收干净。红二十五军在正阳也获得了大量苏区特需物资，如食盐、西药、布匹、煤油、纸张、粮食等。

随后，刘士奇、旷继勋命令袁芳菊率第二一八团攻打霍邱县城。部队途经新店埠时遭到敌人阻击，这里有一个地主武装的土围子。土围子很坚固，寨墙很高，外有护城河，还有碉堡。寨内的敌人团防很嚣张，向红军挑衅，不停地放冷枪，打死了好几个红军战士。袁芳菊见状大怒，决定打下这个土围子，教训一下敌人。他派出几个神枪手，只要墙上有敌人露头就干掉他。几个敌人被打死后，其他团丁都不敢露头了，像缩头的乌龟，只是时不时地往外扔几颗手榴弹。红军趁机越过护城河，架上梯子翻过寨墙，跳入寨内。冒着敌人密集的子弹打开寨门，寨外的红军战士一拥而人，消灭敌人300余人，拿下了这个顽固的地主堡垒。

得知正阳关被红军打下，又听说新店埠的土围子也被打下了，霍邱县守敌吓得肝胆俱裂，弃城逃往淮河以北。从四面八方逃进霍邱城躲难的土豪劣绅，也像炸了窝的马蜂一样，连夜逃走，有的逃往蚌埠，有的逃往南京。霍邱城不战而下。14日，霍邱县独立团进驻霍邱县城，维持秩序。15日，刘士奇率军部及教导团进驻霍邱城。中共霍邱县委、县苏维埃政府也迁入县城。此后，霍邱成为鄂豫皖革命根据地26个县级革命政权拥有的5座县城之一。

红二十五军占领正阳期间，当地党组织在周围农村组织群众，打下牛家堆房、大西圩子，扒了地主囤积的粮食600石左右，夺得部分枪支并组建了100多人的游击队，在县委书记曹广化的率领下，随刘士奇率领的红二十五军开往苏区。

红二十五军占领寿县正阳关，打富济贫，除暴安良，给群众以极大的鼓舞，也推动了中共寿县县委组织和发动群众开展革命斗争。红二十五军在正阳关开仓放粮，救济穷苦百姓的举措，受到了当地老百姓的热烈拥护，群众编唱了《红二十五军到正阳》的歌谣，广为传唱：

（一）

四月里来麦子黄，

红二十五军到正阳。

打一仗来胜一仗，

打得白狗叫亲娘。

（二）

红军好，红军好，
来到农村打土豪。
开仓放粮救饥民，
恩情似海难忘掉！

从1931年11月到1932年6月上旬，经过黄安、商潢、苏家埠和潢光四大战役，红四方面军先后共歼国民党军6万余人，其中成建制被歼的正规部队近40个团。蒋介石对鄂豫皖革命根据地发动的第三次"围剿"尚未展开即被粉碎。鄂豫皖革命根据地和红军得到了迅猛发展。根据地面积扩大到4万余平方公里，人口达350余万，拥有26个县的革命政权，红军发展到4.5万余人，地方武装、赤卫队也发展到20万人以上。这是鄂豫皖革命根据地发展的极盛时期。

红四军军旗

第一排从左至右：总指挥徐向前、政委曾中生、政治部主任刘士奇

# 第十二章

## 东路浴血　刘士奇独撑危局

### 一　剪除异己，张国焘"肃反"

就在徐向前、刘士奇等人率领红军将士们，为扩大鄂豫皖革命根据地、巩固革命成果浴血奋战之时，张国焘却在借机推行王明的宗派主义"肃反"政策，剪除异己，实现其军阀主义的个人独裁统治，"使大批优秀的同志受到了错误的处理而被诬害，造成了党内极可痛心的损失"①。

肃反的对象，主要有三种人：一是从白军中过来的，不论是起义投诚的还是被俘的，不论有无反革命活动，要审查；二是地主富农家庭出身的，不论表现如何，要审查；三是知识分子和青年学生，凡是读过几年书的，也要审查。重则杀头，轻则清洗。

为了防止部队发生异动，张国焘等分局领导人还决定，以营为单位拆散混编；中央分局和鄂豫皖省委组成巡视团，派到各师，监督"肃反"。这种情况弄得人人自危，熟人见了面都不敢说话，生怕被说成是"秘密组织"、"反革命活动"。真是一片白色恐怖的气氛！张国焘大开杀戒，杀害了包括许继慎在内的一大批红军

---

① 《关于若干历史问题的决议》，1945 年 4 月 20 日在党的六届七中全会上通过的重要文件。

官兵。仅在《中国工农红军第四方面军烈士名录》内，所载的团以上干部由于受肃反扩大化之害而牺牲者就有75人。此处，还不包括张国焘后来在川陕苏区和长征途中所杀害的团以上干部，其中在白雀园被害者27人。

张国焘等人以种种残酷刑罚杀害了红四军多少干部战士，至今还没有一个具体的数字，据《中国工农红军第四方面军战史》记载："从九月十三日到十一月中旬，先后以所谓'改组派'、'第三党'、'AB团'等莫须有罪名而逮捕杀害的红四军中的高级干部就有：第十一师师长周维炯，第十二师师长兼皖西军分会主席许继慎，第十二师政治委员庞永俊、副师长肖方、政治部主任熊受暄，第十师政治部主任关叔衣、参谋主任柯柏元，第二十八团团长潘皈佛、政治委员罗炳刚，第二十九团团长查子清、政治委员李奚石，第三十团团长高建斗、政治委员封俊，第三十二团政治委员江子英，第三十三团团长黄刚、王长先，政治委员袁皋甫，第三十四团政治委员吴荆赤，第三十五团团长王明，第三十六团团长魏孟贤，第三十八团政治委员任难，以及第十二个团的政治处主任等，在白雀园遭杀害的军事系统的高级干部，还有军委政治部主任王培吾，前任皖西军分会主席和第十二师政治委员姜镜堂，原红一军独立旅旅长廖业祺等多人。"

大"肃反"，杀害了大批为创建鄂豫皖红军和根据地的干部，严重地削弱了党的战斗力；杀害了一大批经过战争考验、具有卓越军事才能的红军将领和中下级军官，使红军的作战指挥能力和军事理论水平大大下降；杀害了一大批群众，损害了党在群众中的形象，降低了党在群众中的威信；清洗并杀害了大批知识分子，使党的理论水平和政策研究水平日益低下，使红军的智力结构发生极其严重的恶劣变化。

这一大"肃反"，也极大地助长了张国焘的军阀主义领导和党内随声附和、盲目服从的不良风气，使党的集体领导原则和组织干部政策受到极大的破坏。所有这些，都无疑地种下了鄂豫皖根据地第四次反"围剿"失败的祸根。

"肃反"，严重地削弱了鄂豫皖苏区党和红军的力量，也激起了广大群众的强烈不满和反抗。一些地区贴出标语："张国焘是杀人刽子手!"、"打倒帝国主义张国焘!"有的地方还把县政治保卫局给砸了。

我们可以这样去理解：张国焘借"肃反"为名打击异己，以及后来党的历史上几次所谓"路线斗争"，虽然不能排除受斯大林肃反的影响，但也说明了我党在革命的初期党组织的许多成员，一开始并不是纯粹马克思主义者，他们举起了马克思主义社会主义民主革命的大旗，但他们的思想深处在本质上还有封建宗族观念、小农经济观念，等等。

张国焘的这场内斗，使鄂豫皖根据地党的损失巨大，幸亏当时革命党人信仰的是马克思主义，而不是"上帝会"，举的是红旗而不是五色龙旗；不然，早如当年石达开负气出走一样，令太平军作飞鸟走兽散了。

徐向前、刘士奇同广大指战员一样，大敌当前，始终以大局为重，他们压抑着内心的悲痛，把全部精力投入到反"围剿"的斗争中。许多年之后，徐向前回顾这段历史时，沉痛地说："鄂豫皖根据地的'大肃反'，不是孤立的，那个时候，是教条主义者统治中央的时候。教条主义、主观主义、宗派主义搅在一起，在全党、在各个根据地，搞'肃反'，搞扩大化。""历史的教训，值得注意。我们的子孙后代，一定不要再重演。"

尽管苏区群众痛恨张国焘恣意抓人杀人，但他们对共产党和红军始终是拥护和热爱的，他们的内心不曾动摇过对党的信念。黄安县仙居区的群众为了反抗"肃反"，掩护区乡干部逃入山里。他们上山之前，仍给区政府送去500多担大米和1000多双鞋袜，在信中还特意写明，这是送给红军的。忠于革命事业的红军指战员，不少人虽然被捕被杀，仍然是前仆后继，英勇战斗。一些被诬为"反革命"而遭逮捕的干部、战士，被暂时放出来参加"突击队"，冲锋陷阵，与敌人搏斗，其中不少人献出了宝贵的生命。

## 二  反"围剿"失利，苏区告急

"九一八"事变后，蒋介石对日实行不抵抗政策，使得东北三省很快就沦入敌手，而对工农红军视若寇仇，集中兵力接连"围剿"，必欲置之死地而后快。在蒋介石看来，"倭寇深入，赤匪猖獗，吾人攘外，必先安内"。1932 年 6 月 9 日，蒋介石在庐山召开湘、鄂、豫、皖、赣五省"剿匪"会议，部署在全国范围内对苏区发动新的军事"围剿"。何应钦、李济深、何健、陈诚、钱大钧、孙连仲等国民党将领及汪精卫、顾维钧、黄绍闳等参加。

蒋介石亲任"剿共总司令"，纠集 63 万兵力，开始第四次军事"围剿"。计划先"围剿"鄂豫皖、湘鄂西苏区，然后移师"围剿"中央苏区。

中路军司令部设在河南信阳，右路军司令部设在安徽六安。蒋介石的意图是：从东、北、西三面发起攻击，攻占红安、七里坪、新集、商城等要地，从东南方向将红四方面军驱出鄂豫境；而后实施东西夹击，进而占领以金家寨为中心的皖西根据地，再由北而南，将红军主力压缩至长江北岸，聚而歼之。蒋介石又提出"三分军事，七分政治"的策略，实行"保甲制"和"连坐法"，动员外逃土豪劣绅回乡执政。蒋介石拟定"剿匪"要诀："以少击众，以实击虚，以整击零，以正击奇。"

6 月 29 日，蒋介石抵达武汉，部署第四次"剿共"，将 63 万大军分成左、中、右三路军，命何成浚为左路军司令官；蒋介石兼任中路军司令官，刘峙任副司令官；李济深为右路军司令官，王钧为副司令官。除以左路军对湘鄂西革命根据地作战外，中、右两路军共 26 个师又 5 个旅，另有 4 个航空队，全力压向鄂豫皖革命根据地。

**蒋介石在庐山召开"剿匪"会议**

张国焘已被胜利冲昏了头脑，对形势做了错误的分析和估计，他在党的会议上说："国民党主力只剩下了 7 个师，其余都是杂色部队，国民党的军队已成为偏师，红军现有这样的力量，已是不论多少敌人都不怕了。蒋介石集中所有残余力量同我们作最后的挣扎，我们不是冲破敌人的'围剿'，或对敌人"围剿"一个打击一个的问题，而是要根本消灭'围剿'，争取一省数省首先胜利。"张国焘我行我素，他令红军继续向罗山进逼，以破坏京汉路，然后沿京汉路南下，消灭宋埠、黄陂一线之敌。刘士奇等鉴于敌人新的"围剿"部署，建议停止出击平汉线的行动。他说："我军连续作战，疲惫已极，当务之急是养精蓄锐，休整训练，把主力摆至鄂豫皖边界，一脚踏在根据地，一脚踏在白区。边休整部队，边掩护地方开辟工作，为粉碎敌人的'围剿'作准备，这样老区既能巩固，新区又能发展，同时部队主要就食于新区，还可以减轻老区人民的负担，乃一举数得之策。"

徐向前、陈昌浩同意刘士奇的意见。而张国焘等坚持红军主力南下进攻麻城的意见，他们说："红军应乘胜利余威立即南下麻城一带击敌，开拓南部工作，威胁武汉。"

徐向前、陈昌浩、刘士奇的正确意见被否决后，只得执行命令，率红四方面军主力进攻麻城。动员口号是："攻下麻城，攻下宋埠、黄陂，打到武汉去。"

这样的作战行动正中蒋介石的圈套。麻城是敌人长期经营的一个坚固城池。蒋介石下达固守麻城、拖住红军的命令。他要在麻城牵制红军主力，以便东西相援，中路、右路配合作战。

红四方面军虽然在江石堰、七里桥和李家集、靠山店、甘棠铺一带的战斗中，歼敌3000余人，但不仅未实现攻克麻城的计划，又要分兵阻击援敌，使红军主力被敌人吸住而失去主动。结果是消耗、疲惫了红军，敌人却能从容部署和展开"围剿"。

红军主力在麻城作战。麻城守敌凭城坚壕深，固守不出，红军屡攻不克。分布于鄂豫皖革命根据地周围之敌开始紧缩包围圈。

张国焘下令旷继勋的红二十五军守住霍丘县城。旷继勋明知这个决定不妥，但又不敢违背张国焘的指令，同敌人浴血奋战，终因寡不敌众，与敌人拼搏五昼夜后，红二十五军遭受了重大伤亡。7 月 20 日，霍丘县城陷落。

这次战斗失败的原因是张国焘的错误决策，然而张国焘却撤了旷继勋的军长职务，由蔡申熙接任。

8 月 7 日，蒋介石下令对鄂豫皖革命根据地发动"总攻"，要求主攻纵队迅速插入鄂豫皖革命根据地中心区域，寻找红四方面军主力决战。

张国焘见形势严重，惊呼："今天打出了一个厉害的敌人来了。"于是赶忙命令撤麻城之围，命令身心已经十分疲惫的红军昼夜兼程，返回革命根据地中心地区。

革命根据地重镇红安、新集、商城相继失陷和红军连续撤退，以及敌军的步步逼近，使狂妄自大、盲目轻敌的张国焘一变而为右倾恐敌，惊慌失措。

张国焘等在撤退途中急电中共中央，请求援助。

在中央根据地前线指挥作战的周恩来、毛泽东、朱德、王稼祥复电建议红四方面军采取诱敌深入，运用广大的游击队，实行扰敌、截敌、袭敌与断绝交通等方式疲劳与分散敌人，在运动中选择敌人的薄弱部分，猛烈打击与消灭敌人一部分后迅速转移，以便各个击破敌人，粉碎敌人"围剿"。

由于张国焘在战略指导上的错误，在苏区推行极"左"政策和所谓"内部肃反"的影响，红四方面军广大指战员虽英勇奋战三个多月，歼敌上万人，但终未打破敌人的"围剿"，边区的主要城镇相继沦陷。10 月 12 日傍晚，红四方面军主力两万余人越过平汉线，仓促西进。红四方面军第四次反"围剿"失败，丧失了从外线打回根据地的条件，被迫撤离鄂豫皖根据地，西征川北，创建川陕根据地。

蒋介石得意洋洋，以 10 万兵力"追剿"西征红四方面军主力的同时，以 20 万兵力"清剿"鄂豫皖根据地，对根据地实行"血洗"、"三光"等残酷政策。

## 三　临危受命，组建红二十七军

张国焘带领红四方面军主力转移后，要求鄂豫皖省委留在根据地继续斗争，同时留下来的还有地方干部及担任掩护任务的少数红军武装。根据安排，红四方面军政治部主任刘士奇担任皖西北东路游击司令。

刘士奇不是张国焘的亲信，又曾经在红军的军事作战方针上与张国焘发生过顶撞，冒犯了张的权威，这种安排是可以想见的。但沧海横流，方显英雄本色，越是在革命危急关头，越能体现出一名共产党员的政治素养与坚定的革命意志。刘士奇来不及过多地思考，在对敌大局面前，毅然决然地接受了任务。

这时的根据地正面临十分困难的局面：一是根据地面积丧失了六分之五，尚存的苏区被敌人分割为鄂东北和皖西北两块相互隔绝的地区；二是留下的武装力量很有限，全部武装及伤病员加起来只有两万余人。三是省委机构不全，仅有书记沈泽民、宣传部长成仿吾，且以为红军四方面军主力不久可返回根据地，缺乏坚持独立斗争的思想准备，因此缺乏有力的领导。

9月下旬，红四方面军主力撤出皖西北向南转移，皖西北的形势十分危险。这时皖西北东路游击司令员刘士奇率领的两个营和红二十七师师长徐海东率领的第七十九团，在英山担任掩护红四方面军主力转移任务时，被敌人截断，与主力红军失去了联系。

刘士奇和徐海东收集零星部队，总共不足3000人，在十多万敌人的围追堵截下，转战于皖西北、鄂东北地区。月底，他们在英山的西界岭与郭述申率领的地方部队及道委机关相遇。两支部队合在一起，不足5000人。这三位战友在危难时刻相逢，倍感欣慰。他们带着这支部队，白天潜伏，夜晚行军，在敌人的大包围中东突西闯。既找不到主力部队，又冲不出敌人的包围圈。更伤脑筋的是，原跟随主力转移的鄂东北、豫东南、皖西北边区的各级党政干部和党、团员，还有一些群众和红军伤病员，其中还有大批妇女，共两万多人，都成了他们要保护的对象，当时把这些人称为"避难团"。

这时的敌人十倍于我，四面包围，妄图彻底摧毁皖西北根据地，形势万分危急。

这时，红四方面军主力从湖北英山向黄安地区转移。途中，张国焘以鄂豫皖中央分局名义致信皖西北道委书记郭述申，命其和东路游击司令员刘士奇、第二十七师师长徐海东等组成鄂皖工作委员会，统一领导鄂皖边界地区的工作和武装斗争。

形势十分危急。10月1日，由郭述申、刘士奇主持，在湖北英山土门潭召开会议。会议分析了皖西北的险恶形势，根据中央分局的指示，成立了鄂皖工委，书记郭述申，委员有刘士奇、徐海东、吴保才、王建南等。同时决定组建新的红军，将地方的零散部队和徐海东所率领的一个团合编，成立红二十七军，军长刘士奇，政治委员郭述申，副军长吴保才，政治部主任江求顺，徐海东任第七十九师师长，全军共4500余人。

土门潭会议讨论了鄂皖工委和红二十七军的行动。为配合红四方面军转移，刘士奇决定率领部队向东牵制敌人，并打出"红军东路军"的旗帜。会议确定了红二十七军的行动方针：突出敌人包围，从内线转入外线，向东行动，避开敌人锋芒，以调动、钳制敌人，寻机打击薄弱之敌。此举调动了敌人三个正规师及地方杂牌武装数万人来对付红二十七军，无疑给转移中的红军主力减轻了压力。同时，也削弱了敌人对鄂豫皖根据地的烧杀抢掠。

红二十七军成立地湖北英山金家铺

　　关于如何对待"避难团"问题，大家也展开了讨论。考虑红军是作战部队，带领两万多人的干部和群众，对红军作战是极其不利的，但是，单独行动而摆脱"避难团"，这批干部和群众必然要面临极大的危险。刘士奇最后决定，要掩护两万余名干部、群众和伤病员同红军一起转移。这在当时来说，也是一个艰难而又危险的决定，因为搞不好，会拖垮红军的。

　　为了贯彻会议精神，郭述申、刘士奇做了大量的工作。两人一起召开了政工人员会议，讲明向东转移的必要，要求政工人员带头严明纪律和做好部队及群众的宣传工作。又召开随军转移的党政干部代表会议，要求他们在群众中起模范作用，一切行动听指挥，要做好群众工作，务必把群众组织好，不能妨碍和影响红军作战。

　　要组建一支军队，即使在胜利的形势下也不是一件容易的事，何况是在敌人包围圈中一片混乱的情况下。刘士奇硬是凭着他具有收拾"烂摊子"的经验和组织才能；善于团结同志一道工作的气质；敢于快刀斩乱麻的果断魅力；靠着许多共产党员的带头作用；凭着他自己和郭述申、徐海东等领导干部的威信，很快地把这支队伍组建成了，这一方面说明了刘士奇的能力，另一方面也顺应了大局。

## 四　东线转移，威胁敌后方

经过慎重研究，红二十七军决定向敌人兵力比较薄弱的霍山、潜山、太湖、宿松一带行动，指向安庆，威胁敌人后方。

刘士奇、郭述申带领红军撤出金家铺，掩护随军的干部、群众和伤病员，开始了向东线的艰苦转移。

10月8日，东路军到达安徽宿松趾凤河，驻扎在白崖寨一带。

白崖寨战略位置重要，易守难攻，成为历代兵家必争之地。清咸丰九年（1859）十月，曾国藩率湘军驻扎在白崖寨，太平军英王陈玉成提兵围寨，将清兵困于寨内达三个月之久，寨内粮草已绝，情势十分危急。为解围困，曾国藩忽心生一计，命人尽搜寨内白米，做成熟饭，将一壮狗喂得饱饱的，然后将其勒死，趁黑夜扔下攀龙门。翌日清晨，太平军士兵发现了这只死狗，剖之，见狗肚中尽是白花花的大米饭，报知陈玉成，陈果然中计，误以为寨中清兵粮草充足，加之山高寨坚，屡攻不克，只好下令撤兵。太平军士兵留下顺口溜道："远望白崖寨，近看一危崖，老子攻不下，只等天来败！"然后恨恨弃寨而去。

10月9日晨，敌军陈调元部第四十六师两个团由太湖进至宿松凉亭河展开堵击，妄想将东路军消灭在白崖寨一带。

刘士奇决定在白崖寨与敌军打一仗，挫挫敌军的威风。他和郭述申、徐海东商议：该敌战斗力较弱；我军指战员求战心切；趾凤河一带地形有利于我军；决心集中全军力量歼灭该敌。

刘士奇率领东路军主动迎击敌军，由趾凤河向前推进到凉亭河两侧毛栗岗、枫树垄一带布防。

双方在方圆二十里的战场上发生激战。战斗从早晨打响，刘士奇亲自率领第二团、第三团、第五团发起猛烈攻击。第七十九师师长徐海东亲率一个团迂回到敌人后面，首先攻占了小石门制高点，切断了敌军退路。经过一天的激烈战斗，全歼敌军四十六师的一个整团，生俘敌副团长及以下官兵 100 余人，缴获重迫击炮 2 门，机枪 8 挺，步枪 500 余支，子弹 4 万余发。

　　10 日，敌军三十二师及地主武装队数千人，占领了趾凤河西的云天岭，疯狂地向红军发动攻击；敌四十六师也重新纠集残部，从趾凤河东展开攻势。红军腹背受敌，刘士奇指挥若定，迅速率领红军抢占了白崖寨，开展反击作战。红军八十一师第二团团长熊海清率部冲锋，一举全歼西线敌军一个整连，缴获长枪 128 支，短枪 20 支，迫使各路敌军分途溃散。白崖寨反击战取得了彻底的胜利。熊团长在战斗中光荣牺牲。

　　11 日，红二十七军刘士奇、郭述申等在关帝庙军部主持召开军民庆功大会，又在百花门附近兴建红军烈士墓，表示对红军烈士们的永久纪念。这次战斗，敌军杨团被彻底歼灭，陈团被打得溃不成军。此战虽然没有击破敌军围堵，但也打击了敌人的嚣张气焰。

红二十七军白崖寨反击战战场遗址

　　红二十七军乘胜前进，穿过敌人的空隙之后，一路浩浩荡荡，指向安庆方向。为了更加有效地诱惑、麻痹敌人，刘士奇命令红军："拉开距离，旗子打开！"于是部队的行军距离拉得更长了，一个连拉开成了一个营的架子；部队红旗招展，夹在中间的群众抖出了各种花色包袱布，高高地摇晃着。走到尘土多的地方，战士们故意跳跃前进，浓厚的尘土漫天飞扬。从空中和远处一看，嘿！红旗招展，烟尘滚滚，人嘶马喊，气魄浩大，简直不是一支数千人的军队，而是一支几万人的大军哪！一时间，敌军受到极大的震动，摸不清"东路军"是什么部队，再也不敢轻举妄动。这为红二十七军的转战赢得了时间。

红二十七军军部驻地遗址——安徽宿松白崖寨关帝庙

　　10月中旬，刘士奇率红二十七军到达潜山县衙前镇以东的一条山沟时，又遭敌郝梦龄的五十四师堵击。后边随行的群众和伤病员也已行进到了山沟里。人多沟窄，战斗人员和群众相间，行走不动。

　　刘士奇见状，为防敌人从两侧压下来"包饺子"，立即命令部队迅速抢占衙前镇东侧的几个山头，阻击敌人的进攻。

　　不出所料，红军先头部队刚刚占领两边山头，敌五十四师就从对面冲杀过来。刘士奇指挥部队与敌激战三个多小时，抗击数倍于己之敌，才掩护群众摆脱敌人。此战，毙伤俘敌数百人，红军伤亡300多人，第一团一营政委、二营营长和政委、3名连长和6名指导员牺牲。随行的战后"避难团"伤病员见战事紧张，不顾伤势未愈，主动要求归队，有300多人补充到一团。

　　在敌我力量悬殊的情况下，红军经过顽强的激战，虽然突出了重围，但损失严重，伤亡500余人。随军行动的干部、群众也有很大的伤亡。战后，红二十七军向北转移，在头陀遭敌三十二师堵击，因前卫三团受挫，部队转而向东。

　　24日，红二十七军在官庄地区歼敌三十二师1个营后，向桐城土岭方向转移。敌三十二师出现在土岭，红二十七军突破其阻拦，进至大沙河。敌三十二师追至河边，红二十七军渡河后，以第一团隔河阻止敌军前进。第一团伤亡200多人，不少归队参战的伤员再次负伤。战后，又有200多名伤病员归队补充到战斗连队。有些人伤口还化着脓，仍持枪战斗。

## 五　军纪严明，钢铁意志

　　"军长，我们断粮了！许多连队的行军锅，都……揭不开了，部队每天多以野菜、树叶充饥！"政治部主任江求顺进来向刘士奇报告。"知道，我知道！"刘士奇皱着眉头回答。

　　胡子拉碴的刘士奇充满焦灼和爱怜地注视着他的队伍。这是一群英勇的红军战士，用钢铁一样坚强的意志，抵挡住了数万敌人的"追剿"，在能够作战的3000多人的队伍中，只有一半人携带枪支，其他人手持梭镖。这又是一个消瘦饥饿的群体，手掌又粗又硬，脚板长满厚茧。每一个人都携带着一条长而干瘪的干粮袋，斜挂在一边肩头上，另一头扎紧，斜托到臀部。战士们另一件装备是一条布制的子弹带，长得不仅可以斜挂在两个肩膀上，还可以围缠在腰部。手中有步枪的人，子弹带里还装有几发子弹，那些手持梭镖的，子弹带里空空如也。

这些日子，他也是够窝火憋气的了，两只眼睛熬得通红。两军对垒的战场，对一个军事指挥员来说，是最考验勇气和智慧的时刻，稍有不慎，就会陷入困境的泥坑。刘士奇一面竭力保持住与敌相持的状态，一面又不得不抽调小部队外出"打粮"，以解燃眉之急。

战斗间隙，红军和随军行动的地方干部、群众就上山挖野菜、掘树根、剥树皮充饥度日。在这偏僻贫瘠的山区，军队的给养、兵员的补充都极为困难。但刘士奇带领的红军从不动老百姓的一草一木，偶尔在地主家猪食缸里找到一些准备喂猪的熟土豆，就是上品了。

在半个多月的行军作战中，刘士奇感到最棘手的问题还是随军转移的群众。他们人多，又无组织纪律。部队行动时，他们漫山遍野地跟着走；遇到敌人时，又惊慌失措地乱跑，常穿插在部队之中，打乱战斗序列；部队需要隐蔽行动时，他们又过早地暴露目标，使敌人追堵不舍，真是个"包袱"。有些下级指挥员建议甩掉这个"包袱"，刘士奇和郭述申坚决不同意。结果，只能是边作战，边掩护群众。部队在这样极端困难的条件下，艰难地前进着。

11月初，到达霍山县三里店，刘士奇、郭述申主持召开鄂皖工委和红二十七军领导干部会议，总结了一个月东线转移的经验和教训。

这时已进入冬季，指战员和群众都是衣衫单薄。一个多月的长途跋涉和连续作战，已是衣衫褴褛，难以蔽体。鞋子早就穿烂了，有的战士撕块破布包起来就走，有的索性就打赤脚。行军常常赶不到村庄，露营便成了常事。各人弄把树叶垫在身子底下，大家穿好被汗渍浸透的衣服，怀抱着枪支，背靠背地挤在一棵树下，互相暖着身子睡了一晚。早上起来，刚被体温烘干的衣服又被露水打湿了。寒冷、饥饿折磨着他们，各种疾病接踵而至，又因为缺医少药加之长期露宿野外，指战员的体质极度衰弱，病饿而死者日渐增多，部队战斗力已受到了严重损失。

工委经过分析认为，红二十七军东线游击，牵制敌人、掩护主力红军的任务已经完成。当前应该尽快地返回根据地，一方面军队需要进行整训；另一方面把干部和群众送回。

一天中午时分，刘士奇率领的红二十七军，来到三里店的一个村庄。三个穿灰布军衣、身背短枪的战士来到三房院子，见一妇女抱着小孩慌慌张张地走进自己家里。战士跟着走进她家堂屋，见她房门紧闭，便轻轻地敲门说："嫂子，请你不要害怕，我们红军是为老百姓服务的，请你开开门，我们有事和你商量。"青年妇女叫香元，丈夫在外做挑夫，她听到敲门的声音不是很急，喊话的声音也很平和，就开了房门。战士见她屋内还有一间空房，便提出："嫂子，今天晚上借你这间空房搭个铺住一晚上，你看行不行？"香元知道他们是要借房子住，于是点头同意了。

过了一会儿，有位战士领着一位光头、浓眉大眼、身穿灰色军装、三十来岁的军人来到了香元的家门口，后面跟着二三十个穿灰布军衣、背枪的战士，在禾坪里整整齐齐地站成两排。那个光头对大家讲："我们红军是穷人的队伍，是为人民求解放的，我们有铁的纪律，大家千万要注意，不能进年轻妇女的卧室内。"接着又讲："'鸭蛋无缝也进盐'，我们红军无论走到哪里，都要关心群众，爱护群众，群众家里的东西未经主人同意不能搬动，借东西一定要还，损坏和丢失东西也一定要照价赔偿，这样我们才能取得群众的信任，才能团结群众去打倒国民党反动派。"

香元从战士们的表情上，看出光头是个大官。听他讲话句句为老百姓着想，认定红军是好人。她怀着兴奋的心情走到院子里去，把听到讲的话告诉别人，直到天快黑时才回家，她走到堂屋门口见地上搭起了铺，那个光头和另外两个人在煤油灯下看地图，一边看一边比比画画。她想知道那个大官是个什么官，于是走到门外悄悄地问一个小战士："那个光头是你们的什么人？"小战士轻声地告诉她："是我们的军长，我们都喊他刘军长。"她听后心里嘀咕，原来他真是个大官，难怪战士们都规规矩矩地听他讲话。

第二天清早，部队要走了，有些战士在收拾行装，有些在打扫卫生，有个战士走到香元面前再三询问是否有损坏和丢失的东西，香元讲："只有一个木脸盆没看到。"那个战士不一会儿拿了一个铜脸盆对她说："如果找不到就用这个脸盆，找到了就留作纪念，这是刘军长规定的，你一定要收下。"刘士奇和战士们走时，群众都含着热泪相送，战士们也不时地回头，依依惜别。

## 六　浴血奋战，胜利会师

11 月 6 日，在返回皖西北的途中，刘士奇率部到达淠河东岸磨子潭时，敌三十二师已控制了河西岸黑虎尖的大小山头，堵住了进路；敌四十七师也已尾随而来，截断了退路。红二十七军被压在河川峡谷中，腹背受敌，已无退路，只能强渡淠河做拼死搏斗。

在此十分危急关头，刘士奇坚定地对全体指挥员说："红军是无产阶级革命斗争的锋芒，无论环境再艰苦，再困难，我们绝不能让这支红军队伍垮了。"他果断地命令全军立即突围：派师长徐海东率一个团强渡淠河，向黑虎尖发起冲击，用刺刀和手榴弹杀开一条血路；派团长程启波率领一个突击队，从敌人侧翼的悬崖峭壁处爬上去，绕到敌人背后发起突袭。

敌军在红二十七军的前后夹击下，混乱不堪，纷纷溃逃。刘士奇、郭述申立即率领后续部队及随行群众和伤员勇猛冲杀过去，终于突出了重围。

此战红军伤亡较大，工委书记、军政委郭述申、红七十九师政委王建南和第一团政委杜本莲负伤。突围后，经霍山大化坪、漫水河到达西界岭，将第五团分别编入第一、第二、第三团。

14 日，红军终于艰难地到达皖西北根据地的边缘区吴家店，受到了群众的热烈欢迎。

一到吴家店，村里完全换上了另一幅景象。群众像迎接久别的亲人一样，热情地接待了红军。部队一进村，一大群儿童团员就把队伍包围了，一面唱歌，一面争着帮战士拿东西。老人、妇女们带着鸡蛋、草鞋挨个慰问，又是一番热闹。接着来的是洗衣队，姑娘媳妇们，每人一个竹篮，一个洗衣棒槌，篮子里装着大块小块的碎布和针线，她们东翻西找，连战士们用心藏起来的脏衣服也被搜出来了，然后洗得干干净净，补得整整齐齐地送来。赤卫队早已把哨兵一站站地放了出去。参战的准备工作也做好了，担架队组织得妥妥当当；要向导，抬脚就走……战士们异常激动，连日来行军作战的疲劳，此时一扫而空。

15 日，敌三十二师、四十七师追了上来。红二十七军决心将敌人挡在根据地之外，遂于吴家店以东包畈河北岸占领有利地形，成一线展开，阻击敌军，拿出了万夫莫开的恢宏气势。

两军鏖战三昼夜，红二十七军伤亡数百人，第一团团长张四季牺牲。敌军伤亡、被俘近 1000 人，不得不停止追击。

随后，红二十七军整装待发，离开吴家店。苏区群众在地坪集合，默默地送别红军去投入新的战斗。正在这个时候，群众中唱出了一支革命新歌，这是一支妇女们和姑娘们唱的歌，有的泪眼晶莹，边哭边唱道：

> 我送我的情哥去打仗，
> 劝我的哥哥看清革命的路，
> 劝声哥哥要扫除国民党，
> 誓把那压迫穷人的军阀土豪消灭光！

这支歌在空中回旋激荡，歌声嘹亮，响彻云霄。它在战士们的心中久久回荡……

就在红二十七军即将结束东线转移，胜利回师之际，厄运却悄悄地降临到刘士奇的头上。一天，部队到了长江附近的一个村庄宿营。刘士奇望着远处银带似的江水，忧虑地对身边的郭述申、徐海东等说了句："这里离长江不远了。"郭述申、徐海东没有答话。大家都在为眼前的处境发愁，没有雅兴谈论长江。后来，回到鄂豫皖省委后，刘士奇这句话竟成了他的一条罪状。

11 月 18 日，红二十七军到达大埠口，与坚持在赤南根据地的红七十五师第二三四团胜利会师，结束了东线转移。

东线转移历时一个半月，几乎每天都在战斗中度过。在远离根据地，深入敌占区、游击区，带领两万多名干部、群众和红军伤病员，完成牵制敌人、掩护主力是何等的艰巨！终于取得了胜利，这是了不起的胜利。一支新组建的红军，牵制和打击了敌人 5 个整编师以上的兵力，使敌人损失 4000 余人，有力地配合了红四方面军主力的转移。在郭述申、刘士奇的正确指导下，保存了红军 3000 余人的实力，为后来鄂豫皖根据地的恢复和发展，为红二十五军的组建输送了力量；为红二十八军在皖西的发展奠定了坚实的基础。而东线转移，保护了大批的地方干部和群众，他们后来都为恢复根据地贡献了自己的力量。

# 第十三章

## 烈士含冤，英名长留天地间

### 一 再次"肃反"，阴霾笼罩

红二十七军返回皖西北地区后，这里原有的十几个县政权都遭到敌人摧毁，所有城镇全部被敌人占领。白军所到之处，把集镇村庄统统烧光，把砖石建筑统统炸掉。苏维埃办公楼、幼儿园、学校、粮站、仓库等，沦为一片废墟。他们在哪里驻军，就在哪里抢割成熟的作物，糟蹋青苗，想迫使老百姓饿肚皮，低头屈服。

只有赤南、赤城两县的广大农村由留守在此地的红二十五军第二二四团坚守。红二十七军由东线返回时同第二二四团会合，这块小小的基地就成为恢复皖西北根据地的落脚点和出发点。

红四方面军主力转移后，鄂豫皖省委机关留在鄂东北地区，成为豫皖苏区最高领导机构。省委的一些领导同志此时还没有脱离张国焘"左"倾冒险主义的指导思想，还有"夺回中心城市"、"肃反"等"左"的口号，会议对形势作了错误的分析，认为敌人"以鄂豫皖苏区为中心的第四次'包围会剿'已经走入失败的地位"，提出："红军主力要在巩固苏区的策略下与敌人作运动战来各个击破国民党匪军主力。"

为了重建根据地，11 月 18 日，鄂皖工委在大埠口召开会议。会议针对根据地大部分丧失的情况，决定重建皖西北边区。

得知鄂豫皖省委仍在鄂东北坚持斗争的消息，刘士奇、郭述申决定由红二十七军副军长吴保才率第二团留守皖西；第一团、第三团和第二二四团由刘士奇、郭述申、徐海东率领开赴鄂东北，向省委汇报。随军转战的"避难团"原属于皖西北的干部留在当地，从事恢复党团组织和苏维埃政权的工作。

29日，省委在黄安檀树岗召开军事会议，吸取教训，决定将根据地各红军主力团统一组织起来，重新组建红二十五军。

省委听取郭述申和刘士奇的汇报，肯定东线转战的胜利，决定：撤销鄂皖工委，恢复皖西北道委；撤销红二十七军番号，第一团恢复红二七师第七九团，红三团归第二十七师指挥，第二二四团归建红七十五师。

刘士奇自此没有安排具体工作。

红二十七军"千里走单骑"，转战十余县，征程约2000公里；"过五关，斩六将"，经历大小数十次战斗，歼敌4000人，突破敌军5个师以上兵力的追堵，保存数千人的部队；"保驾"、护送一大批地方干部、群众和红军伤病员，使之随军返回根据地，一部分人成为组建皖西北第一、第二、第三路游击师的基础。

但鄂豫皖省委继续推行"左"倾冒险主义政策。1933年3月7日，也就是郭家河战斗胜利后的第二天，鄂豫皖省委就在《鄂东北通讯》上号召广大军民"夺取中心城市"，"恢复整个苏区"。3月下旬，鄂豫皖省苏维埃召开第三次执委扩大会议，再次号召夺回七里坪等中心城市。3月10日党中央在《给鄂豫皖省委的军事指令》中提出，鄂豫皖党和红军"应当以消灭七里坪的敌人力量和夺取与巩固这个地点为第一任务"，"而进攻最适宜的时机恰恰就在现在"。

根据中央的军事指令，省委于5月初，贸然作出了夺取七里坪的决定。

这一决定从当时的形势和敌我力量的对比来看是脱离实际的。

在红军方面，红二十五军只有三个师，共一万余人，既无攻击坚固据点的条件，也无围攻和阻击敌援兵的力量，加之根据地人民生活困苦，部队给养无法保障。在敌人方面，驻鄂豫皖边区共有14个师又4个旅，兵力在红军十倍以上，并占据根据地的全部城镇和大部分农村，控制着所有的主要交通线；七里坪是敌人在根据地中心重兵防守的坚固据点，驻有6000人，并在七里坪周围城镇驻有敌军随时可以增援。

5月2日，红二十五军开始围攻七里坪，同敌人展开激战，并多次击溃敌军增援。战役开始10天后，部队断粮，有的同志建议撤围，但省委主要领导人仍坚持继续围攻。到6月中旬，久围不克，反而使自己陷入被动地位。红军多日断粮，长期露宿，疾病蔓延，死者日增，再加上战斗伤亡，部队减员很多。全军由一万余人减为5000余人，而且身体虚弱，士气不高。这时各地敌军乘机侵犯根据地中心区，逼迫群众插"白旗"。在这种情况下，省委才放弃了对七里坪的围攻。在6月13日全部撤出阵地。这历时43天的七里坪围攻战，由于省委犯了"左"倾冒险主义错误，终于导致了失败。这次战役以相对弱小的红军和十倍于己的敌军拼消耗，使红二十五军力量大为削弱，根据地也遭到很大破坏。

在红二十五军攻打七里坪的战斗中，鄂豫皖省委有领导人提出："现在内部反革命猖狂，我们一面围城，一面肃反。"于是，著名的"七里坪火线肃反"开始了。很多干部和战士都被当作"改组派"、"第三党"、"AB团"给抓起来了。

此时，饥饿、伤亡、"肃反"的恐怖，严重威胁着围攻七里坪的红军。

1933年6月，刘士奇被诬蔑为"畏缩逃跑"、"丢掉群众"，将刘士奇错定为"改组派"、"反革命"，被错杀。

同时被错杀的还有：红二十五军副军长红兼七十三师师长廖荣坤、红七十五师师长姚家芳、皖西北游击总司令吴宝才、红八十二师政委江求顺、红七十三师政治部主任程启波、独立第六师师长叶启文、第八路游击师师长汪明国等；还有一大批中、下级干部和战士。

错误的肃反政策削弱了革命力量，和"左"的军事冒险主义一起，导致根据地斗争陷入被动局面。

刘士奇曾将自己所见所闻向中央写了报告，其中一段话就描述了当时鄂豫皖地区的困难情景："苏区内房屋，自国民党十月间实行'围剿'大进攻以后，全苏区内的房屋完全被匪烧了个干净。群众大半被匪虏到白区里去了。剩下的最多不过三分之一。耕牛差不多快被匪拉完了，群众的粮食完全被匪抢去了，甚至群众埋在地下的谷子也完全被匪挖去了。群众很早就没有粮食可吃，完全是靠跟着游击队打粮回来填饱肚子。现在群众完全吃野菜及树头叶子，群众现在已经有饿死的现象。但今年的春耕及去年的秋种都不到万分之一。现在的苏维埃各机关及红军完全都是靠打粮吃饭。所以有几次红军比较容易消灭匪的势力，因为没有粮食，所以就放弃了这个机会去打粮了。"

## 二 含冤被杀，浩气长存

刘士奇因为到鄂豫皖根据地的时间不久，又一直在军队工作，所以不是省委委员，没有参加省委召开的会议。郭述申与徐海东作为委员参加了这次会议。

刘士奇被安上了两条"罪名"：一是在二十七军东移过程中指挥战斗不力；二是妄想带领队伍北渡过长江，脱离党的领导。就这样，刘士奇成了"肃反"的对象。

当宣布他的"罪行"时，他当众怒斥："诬蔑，统统是诬蔑！假的，统统是假的！我对党、对革命问心无愧。我一生经历了几十次战斗，用鲜血和生命创建红军队伍，扩大了鄂豫皖根据地，这些足以证明我是忠于党、忠于人民的。红白忠奸，历史自有公论。我相信，总会有一天，党会作出公正的结论的。"表现出一个共产党员一个革命者坚定的无产阶级立场。

面对精心设计的阴谋，刘士奇知道凶多吉少，在执行死刑前的遗书中写道："郭述申诸同志，我先走一步了。请你们多加保重，如活到胜利，请向党中央报告，刘士奇是革命的，是含冤而死的……"

杀害刘士奇是在傍晚时分秘密进行的。几个行刑的执行队员把刘士奇的双手反捆，将他推到了七里坪附近山上一座破落的关帝庙里，刘士奇知道自己已是无力回天，此时，反而显得格外的镇定。

刘士奇用淡定的目光环视四周。这是一座破败的庙宇，庙檐下布满尘灰和蜘蛛网，坛前蝙蝠翻舞，如片片破碎的大旗飘飞，院落里杂草丛生，一棵苦楝树孤独地站立在院中；远眺寥廓的苍穹，残阳下一抹血红，天边鸦噪归巢，似暗哑的琴音呜咽；如画的田畴灰暗凄凉，仿佛洪荒时代的到来。

这时，刘士奇抬头望向庙宇的正堂，关云长正襟危坐，坐像油漆斑驳，略显破烂，但掩饰不住关云长的目光如炬，正气凛然，周边的破败暗哑，显得那样的苍白无力！刘士奇顿觉热血沸腾，儿时的巴陵戏中，汉之忠良将关云长的生前身后，一幕幕浮现在刘士奇的眼前：

> 望乾坤，狼烟障，
> 剑影刀光。
> 大哥复仇发兵将，
> 白盔白甲白旗号，
> 浩浩荡荡呀似那白龙就在长江。

　　某金衣素裹天神样与二将要佛烟永伴，

　　终日在庙堂。

　　不能够随兄跨马驰骋疆场，

　　不能够与三弟举酒庆兄王，

　　结拜的桃园依旧在，

　　弟兄们，弟兄们天地就各一方。

　　天地浩瀚莫彷徨，

　　我这里施道法化干戈，

　　义照乾坤烟尘荡尽，

　　万民安康。

　　人故一死如生长，

　　春秋忠义日月光，

　　桃园之情情难放。


　　曲终人散后，天凉好个秋，琴音如诉，欲说还休。赣江千里澄碧，人生一梦方醒：想我刘士奇壮志未酬身先死，改天换地慨而慷。扬马列敌寒心胆，为革命戎马一生，分田地百姓拥护，求光明赤胆忠心；我不过洞天观里一穷学生，在毛泽东、郭亮等带领下走到今天，革命自古多磨难，自古以来，成就一番伟业，其过程艰难曲折，其复杂在所难免呀。古来多少忠良，被冤死错杀的又岂止我刘士奇一个？如果我的死，能够启示后来人，也就有了大意义。如果我的死，能够让这场运动到此为止，同样的悲剧不会再重演，避免后人重蹈我的覆辙，那么我死也得其所哉，得其所哉。唯一遗憾的是，刘士奇看不到革命胜利的那一天了……

　　想到这里，刘士奇的嘴角不禁浮现出一抹微笑来。他安详地闭上了眼睛，不知道是沉浸在对往事的回忆，还是憧憬着光明的未来？

　　关老爷看着座下芸芸众生，一副悲天悯人的情怀。也许是大家都感觉到了关老爷的强大气场，不敢轻举妄动，静默了一会儿，一阵凉风窸窸窣窣地从树底下穿过，顿时有了一阵寒意。

执行队长马五过去是刘士奇的下级，刘士奇的人格魅力与坚定的党性深深地感染着马五；但此时，他只是一个上级命令的执行者。

马五用一种复杂而又无奈的眼光探询刘士奇："军长，您还有什么要……"

刘士奇睁开眼睛，凄怆地一笑："刘士奇是不是革命者，历史自有公论！我相信：无产阶级革命事业一定会取得胜利！你们要好自为之，坚定信念，替我多杀几个国民党反动派呀！"几个执行队员不觉低下了头。

刘士奇又坦然地说道："我看，子弹就不用啦，留着打白军吧！来吧，我已经做好了准备！"刘士奇深深地吸了一口气，最后看了一眼让他无比牵挂、无比留恋的世界，闭上了眼睛。马五转过身，不禁呜咽起来。

刘士奇含冤被杀，年仅 31 岁。

刘士奇的遗体掩埋在关帝庙附近的一个山包上。

马五哭肿了眼睛，呜咽道："军长，你放心先去吧，马五会替你多杀几个敌人。"

马五憋着一肚子的气，像孩子一样地哭着，"革命，革命，怎么革的是自己人的命呢？红军杀红军，让蒋介石偷着乐呀！这事一定要搞明白，我倒要问问张主席，你的良心哪里去了……"

不久，一次遭遇战中，红军与敌人主力交上了火。敌人仗着凶猛的火力，将我方紧紧压制在两山之间的平地中。红军组织了几次冲锋，都没有成功，情况十分危急。马五急红了眼睛，他主动请缨担任突击队长，只见他甩掉上衣，端着一挺机枪，大吼一声"跟我来！"带领战士们向前猛冲。马五在弹火中左右挪闪，机关枪"哒哒哒哒"地狂响，将敌人送上了西天。马五大呼痛快快！红军潮水般地涌上去。

战斗胜利结束。打扫战场时，战友们在相互抚藉的尸首中找到了马五的遗体，鲜血浸染了他的衣裳。马五神态安详，脸上挂着满足的微笑。以这样的壮烈方式去见自己的老首长刘士奇，对于马五来说，这也许是他最想要的结果。

# 三　大别山红旗不倒

省委率领红二十五军大部，历尽艰辛，从皖西北回到鄂东北。红二十五军在鄂东北分兵活动又遭失败，根据地形势严峻。

省委书记沈泽民执笔给中央写报告，对自己决策中的过失进行了沉痛检讨，"到现在弄成如此局面，完全是过去错误所造成"的十天后，沈泽民在老君山病逝，终年 34 岁。

徐向前在其《历史的回顾》中曾这样评价沈泽民："沈泽民是好人，但'左'得很。军事上一窍不通，又缺乏领导经验。他不仅积极搞'肃反'，而且还有套理论，提出'要从那些思想意识不好与非无产阶级观念的分子中，找反革命'。主观上认定必有反革命，非打着灯笼找出来不可，幼稚得很。"

历史，总是不容假设。但我们在迈向光明、自由民主的进程中，在追求革命、捍卫真理的过程中，所犯下的错误是显而易见的。以沈泽民为首的鄂豫皖省委，如果不去执行张国焘的"肃反"路线，刘士奇和一大批红军将领们，如果没有倒在自己人的枪口下，他们的聪明才智、他们的对敌斗争的经验，将是我党我军多么宝贵的财富啊！毫无疑问，这些精英在今后的抗日战争、解放战争中，将会发挥多么重要的作用！从这些精英中，一定会走出许多将星闪耀的将军，一定会走出许多功昭日月的政治家。他们，都是共和国的脊梁！

皖西苏区在最困难的时期，只剩下东西长不过两百里，南北宽不过五十里，最窄处只有十几里。

敌人对根据地的摧残是非常凶狠的。据光山中部苏区 56 个乡统计，被敌人摧毁 29 个乡，杀害了干群 12400 多人，烧房 12300 百多间，全家杀绝的 200 多户，烧光村子四百多个，1000 多人下落不明。摧毁较轻的 36 个乡，也有 900 多人被杀或被关，3800 多间房屋被烧，140 多户被杀绝，惨状令人不可目睹，也只有丧心病狂的敌人才能干出这些丧心病狂的事情来。

我党领导的根据地军民并没有被敌人的屠杀摧残所吓倒。他们为了保卫红色的土地，忍受了极大的牺牲和痛苦，揩干净身上的血迹，掩埋好同伴的尸体，咬紧牙关，继续战斗，发扬了高度的智慧和勇敢，决心把大别山的红旗扛到底！

1934 年 9 月，程子华带着党中央和周恩来的指示，来到鄂豫皖，领导红军进行了战略转移，开辟新的根据地。从此，鄂豫皖地区进入三年游击战争时期。当时，在根据地内坚持斗争的主要武装力量，是高敬亭重建起来的红二十八军和逐步恢复发展起来的便衣队。他们在鄂豫皖边界机动灵活地跳到外线，分散兵力，搞游击战，英勇顽强、艰苦卓绝地与敌人周旋了三年，打破了敌人无数次的"围剿"，终于保住了鄂豫皖苏区，坚持了大别山红旗不倒。同时，还保存了一支拖不垮、打不烂的钢铁红军红二十八军，直至 1937 年抗日战争开始，编入新四军。

## 四　英雄碧血，含笑九泉

刘士奇在"肃反"中被杀，让担任红二十七军政委郭述申心痛不已。刘士奇和郭述申在一起工作的时间不长，但他留给郭述申的印象很深。

中华人民共和国成立后，曾经担任过中纪委副书记与中顾委委员的郭述申回忆刘士奇时说：

"红二十七军始终是在中共鄂皖工委和军部的领导下行动的，一切行动计划都是工委和军领导共同研究决定的，就是在紧张的战场上，也是由军领导碰头研究的。即使是临战的当机立断，军长刘士奇都和我商量，有时来不及也在战后说一下。当时，虽然各项工作有分工，但领导同志间很注意征求意见，相互尊重，因而大家思想比较统一，关系比较密切。特别是刘士奇和我，我们两个主要领导人从没有发生过分歧意见，没有互不通气的时候，相互间想到什么，认为应该怎么做都是毫无保留地谈出来，对其他领导同志也如此。"

"他在领导红二十七军的转战中，是有功劳有贡献的，应给刘士奇同志以公正的评价。"

1989 年 3 月，郭述申回答了红二十五军战史编委会的同志。这个谈话后被整理成《郭述申谈红二十七军的几个问题》附录于《红二十五军战史》一书内。

郭述申在谈话中说："记得我们转到宿松县境时，站在高山顶向南远眺，曾看到一片湖水，远远望去，天水相连。当时，我与徐海东、刘士奇在一起。刘士奇一边指着远方的湖水，一边和我们说：'那一片水是不是长江？长江南岸有我们的红军，还有我们的根据地呢。'由于形势紧张，我们未及久停，边说着边走了。有人说刘士奇同志提出过长江的计划，如果是刘士奇这次闲谈江南情况时引起的问题，那纯属误解、误传。后来刘士奇在肃反中被错杀，其原因可能与误传过长江的问题有关。这可真是不白之冤。"

共和国成立后，徐向前元帅也这样评价刘士奇："工作积极，平易近人，干群关系好，是一位好同志。"

"在历史上，任何一个广泛的翻天覆地的人民运动都不免要带些脏东西，都不免会有些野心家和骗子、吹牛和夸口的人混杂在还不老练的革命者中间，不免有些荒唐混乱的现象，干些糊涂事，空忙一阵，不免有个别'领袖'企图百废俱兴而一事无成的现象。"① 而王明、张国焘等人就是这样的"领袖"！

1938 年 9 月，中共六届六中全会在延安举行。从政治上、思想上、组织上保证了党中央正确路线的贯彻执行，基本上克服了抗战初期王明的右倾错误，统一了全党的思想。并为实现党对抗日战争的领导，进行了全面的战略规划，推动了各项工作的迅速发展。大会明确为刘士奇等革命同志平反，否决了横加在刘士奇身上的一切诬蔑之词。1945 年，中共七大追认刘士奇为革命烈士。

邓小平说过："'左'带有革命的色彩，好像越'左'越革命，'左'的东西在我们党的历史上可怕呀！"刘士奇的死都是"左"害的。人类的记忆中不能没有历史，而历史的作用在于资政育人。人们在为刘士奇的命运感慨之余，也一定还会有更多的思考，会从中得到更多的启迪。

红军使用过的武器

---

① 《苏维埃政权当前的任务》，《列宁全集》第 27 卷，人民出版社，第 240 页。

　　"树也砍不完，根也挖不尽！留得大山在，到处有红军。"根据地军民艰苦卓绝的斗争精神，是值得我们永远继承和发扬光大的。先烈们以鲜血和生命浇开了这春天的花朵，他们的光辉业绩，像大别山的苍松翠柏，万古长青。

　　"寂寞嫦娥舒广袖，万里长空且为忠魂舞。忽报人间曾伏虎，泪飞顿作倾盆雨。"①

　　　　　刘士奇烈士永垂不朽！

　　　　　人民英雄永垂不朽！

---

　　① 毛泽东《蝶恋花·答李淑一》。

# 附 录

## 刘士奇大事年表

1902年六月初五出生于湖南省岳阳县黄秀郎中屋。

1908年至1916年上半年,在本地塾师潘琼楼先生处读书。

1916年下半年至1919年上半年,在岳阳县鹿角洞天观学校读书。

1919年下半年至1924年上半年,在湖南省公立商业专门学校读书。

1924年,由郭亮、夏明翰介绍加入中国共产党,并从事爱国活动,担任湖南省学生联合会总务部主任。

1924年8月至1926年夏,受党委派,在株洲、湘潭、安源、醴陵、长沙、岳阳等地开展党、团工作,先后任共青团株洲特支书记,共青团安源地委候补委员、委员,中共湘潭地委执行委员会委员,中共岳阳地委执行委员会书记。

1926年9月至1927年9月,先后在武汉、南昌从事革命活动,任中共江西省委秘书长、省委候补委员,创办《特委通讯》、《政治通讯》,参加南昌起义的准备工作。

1927年9月至1927年12月,任江西省委特派员,中共鄱阳县委书记兼九江市委书记,赣北特委书记。整顿、建立地下党组织，领导农民暴动，开展地方斗争。指导方志敏开展了弋阳、横峰农民起义。

1928年8月至1930年2月，任赣西特委秘书长、书记，领导并组织了第一次攻打吉安，策动了罗炳辉起义。1929年4月与贺怡结婚。

1930年2月至1930年8月，出席党的二七会议，当选红四、红五、红六军总前敌委员会常委，任赣西南特委书记，红六军政委，红二十军军委书记、政治委员，领导并组织了第二次至第七次攻打吉安。在此期间，在赣西南领导开展了土地革命，深受群众拥护。

1930年8月至1931年6月，留在上海党中央机关工作。

1931年6月至1932年9月，受中央指派到鄂豫皖革命根据地工作，先后担任红四军政治部主任、红四方面军总政治部主任，协助徐向前领导并取得了黄安战役和苏家埠战役的重大胜利。

1932年9月至1932年11月，红四方面军主力撤出鄂豫皖根据地后，任皖西东路游击司令员，鄂皖工委委员，组建红二十七军，任军长，与数万敌军进行了艰苦卓绝的斗争。

1932年11月至1933年年初，被鄂豫皖省委错误地撤销一切职务，并于1933年6月被"肃反"，含冤被杀。

# 后 记

　　刘士奇烈士1933年牺牲时，年仅31岁，他离开我们整整81周年了。鲁迅先生说过，人类的血战前行的历史，正如煤的形成，当时用大量的木材，结果却只是一小块……刘士奇烈士用生命点燃的，是坚定的共产主义信仰与革命理想之火。

　　刘士奇是湖南省岳阳县人，一位具有传奇色彩的政治家、革命家、军事家，中国共产党和中央革命根据地早期领导人及工农红军创始人之一。1922年，刘士奇在湖南省公立商业专科学校、读书期间，追求革命真理，开始从事爱国活动。1924年加入中国共产党，受党指派在湖南各地从事党建活动与指导农运工作。1927年，大革命失败后，毛泽东率领秋收起义部队来到井冈山，开展武装军事斗争；同年，刘士奇受党的指派来到江西鄱阳指导农民运动，担任赣北特委书记，开展地方斗争。1930年2月，召开了著名的"二七"会议，在毛泽东的提议下，将赣南、赣西和赣北三个特委合并为赣西南特委，任命刘士奇为赣西南特委书记，从而奠定了中央苏区的雏形。沧海横流，方显英雄本色。不到30岁的刘士奇，挑起了中央革命根据地党、政、军领导的重担，革命工作干得有声有色，深受毛泽东的器重与信任。1930年8月，刘士奇反对以李立三为首的中央"左"倾路线，受到了当时赣西南地方领导人的排挤，被迫离开江西去上海。后受中央指派来到鄂豫皖革命根据地，担任红四方面军政治部主任，协助总指挥徐向前取得了对敌斗争的一系列胜利。1932年，红军第四次反"围剿"失败，张国焘率领红军主力撤离鄂豫皖革命根据地，刘士奇奉命留在根据地担任掩护主力撤退的任务。他临危不惧，大智大勇，组建红二十七军，任军长，率领不足 5000 多人的队伍与数万多敌人周旋一个多月，主动出击，消灭敌人有生力量，有力地掩护了主力红军的撤离。1933 年，受到张国焘"肃反"错误路线的迫害，刘士奇含冤被杀。

历史的车轮滚滚向前。刘士奇等革命先辈的遗愿早已实现，然而就是这样一位声名显赫、威震敌胆的人物，在他的家乡岳阳，却很少有人提及，他的革命事迹逐渐被人们淡忘。他的故居黄秀九元村郎中屋，一栋有着二百多年历史的古建筑，在风雨侵蚀中，几近坍塌，可谓是岁月无尽，难掩沧桑。

"时光依旧流逝，街道依旧太平。"鲁迅先生曾经发生过这样无奈的感叹。历史似乎有些不公。

刘庆保先生，岳阳县红十字急救医院主治医师，刘士奇烈士之孙。作为烈士的后代和共产党员，他几十年默默无闻地在基层工作，救死扶伤，恪尽职守，从未向组织提过半点个人要求。多年来，刘庆保在工作之余，多方奔走，收集爷爷刘士奇烈士的革命史料。他有一个非常朴实而强烈的愿望，就是要让爷爷和他的战友们的革命事迹广为流传，让广大青少年懂得今天的幸福生活来之不易，让他们坚定跟党走的信念。

2012 年春天，刘庆保先生受到江西、湖北、安徽、河南等红色革命根据地的邀请，作为刘士奇烈士的后代，他踏上了寻访爷爷革命足迹的道路，所到之处，均受到当地领导与群众的热情接待。刘士奇在中央革命根据地与鄂豫皖革命根据地享有崇高的声誉，他的革命事迹广为流传，在各地修建的革命纪念馆中，均有对刘士奇烈士的大篇幅介绍。历史本来就是公正的，从来不会去偏袒谁。

从革命根据地回来后，刘庆保先生为爷爷刘士奇而骄傲，他有了更加强烈的愿望：一是尽快撰写《刘士奇传》；二是督促有关部门重视，修缮刘士奇故居及修建刘士奇烈士纪念馆。

2012年3月，刘庆保先生经新闻记者的引荐，与我取得了联系。我为刘庆保先生执着的精神所感动，也为刘士奇烈士的革命事迹所感染。我曾经在《巴陵英烈》中读到了介绍刘士奇烈士的文章；又偶尔在《彭氏族谱》中找到了一段文字，说我的先辈彭述圣公积极参加农民协会运动，并掩护过农民运动领导人刘士奇脱险。可惜，都述之不详。

多年来，刘士奇烈士的光辉形象始终在笔者脑海中萦绕，彼时也有为先贤立传的冲动，但由于见识与水平有限，往往作罢。这次，刘庆保先生主动上门联系，令我出乎意料；刘先生将多年搜集的资料一并带来，更令我喜出望外。面对刘先生的重托，恭敬不如从命。一年来，我一边研究资料，理清脉络，去伪存真；一边在刘先生的陪同下，数次去刘士奇烈士的老家采访，补充与丰富材料。同时，我在脑海里反复构思，考虑传记的框架结构。2012年年初，进入了紧张的创作中，数易其稿，其中部分章节完全是写好了又推倒重来，个中辛苦，自不待言。刘先生多次光临寒舍，对我的创作提出了许多指导性意见，其意之切，其情之真，可见一斑。

我是一名共产党员，一个唯物主义论者，但我又相信命运的存在。当我倾尽心智，集注情感，顺利创作时，我相信是刘士奇烈士在天之灵的暗中相助；当我的创作停顿，颇觉"山重水复疑无路"时，往往能感觉到无形中有一双眼睛在注视着我，给我以气场，给我以力量，推着我前进。所谓精诚所至，金石为开，又所谓心诚则灵也，谁说没有命运呢？

在创作《刘士奇传》过程中，各级领导与社会各界人士也给予了大力关注与帮助。

全国人大常委会办公厅研究室马蕙瀛处长，中国社会科学院经济研究所研究员刘霞辉教授，中国社会科学出版社编审卢小生，为《刘士奇传》的出版献计献策。湖南省人民政府何报翔副省长就刘士奇故居修缮及纪念馆的修建，作出了重要批示：刘士奇是岳阳人民的光荣。岳阳市人民政府盛荣华市长、岳阳县人民政府张中于县长也先后作出批示，给予了大力支持。中共湖南省委党史研究室邓玉香主任、省人大办公厅刘铮主任，先后多次与我交流，指导创作。岳阳市党史联络组组长、原岳阳市委副书记、市长黄甲喜同志多次过问本书的创作情况。湖南天欣集团董事长王五星先生，一位关注家乡文化与历史的热心企业家，也给予无私的帮助。他热心操劳奔走，向岳阳市政府党组成员、巡视员隋国庆作了专题汇报。隋国庆同志高度重视，随后于3月10日召集了市委党史办、市文广新局领导作了专题研究，并欣然为本书作序。县委常委、宣传部长兼统战部长喻飞跃、县政府副县长易新岳和周理、县政协副主席陈明、县党史联络组组长晏军辉、县文广新局局长郑一夫、副局长刘沙沙、县文物管理所所长杨坚、县文联主席冯阳、县作协主席李响球、县二中校长朱祖雄等领导也极其关注本书的创作。张赤峰、戴高峰两位先生不顾年事已高，亲自为本书校稿，并提出了许多中肯的修改意见。同事杨四友老师，多次为我的书稿打字、排版。《中国食品报》湖北记者站站长周忠应、《洞庭之声》报副社长任言志、《长江信息报》记者张峥嵘、红网论坛资深网友洞庭湖里的老麻雀等新闻界朋友，也热情参与，积极宣传刘士奇革命事迹。尤其是易县长、陈主席给予了无私的帮助，解决了部分创作资金。

另外，黄沙街镇党委政府、新墙镇党委政府、新墙镇民政所、岳阳县卫生局、新墙镇卫生院、县信用联社、县洞庭供水公司等单位也给予了大力支持，在此一并表示感谢。

尤其令我感动的是，去年腊月二十六，九元村在支部书记晏三华和村长刘齐新的组织下，召集了九元村在外工作的领导和经商的老板，在富雅大酒店召开乡情恳谈会，重点讨论了刘士奇故居的修缮及《刘士奇传》的创作出版问题，大家献计献策，给予了极大的关注与支持，会上，部分热心人士对本书的出版给予了经济援助。血浓于水，九元村人民为着一个共同的目标走到了一起，友情、乡情、亲情，在这里得到最好的诠释。

还需要特别感谢的是，江西省吉安市委党史办为我提供了《东固·赣西南革命根据地史料选编》，湖北红安、安徽金寨、河南新县等革命根据地的党史研究专家也为我提供了部分宝贵的资料。这些地方都留下了刘士奇参加革命活动的重要足迹。他们有一个共同的心愿，那就是《刘士奇传》能够早日出版，刘士奇故居的修缮能够尽快解决。

2011年10月25日，刘士奇故居被国务院第三次全国文物普查领导小组办公室核定为湖南省不可移动文物（文物普查函［2011］1719号）。目前，岳阳县党政和文物部门正在将刘士奇故居作为市级与省级文物保护单位，逐级向上申报。刘士奇烈士的英勇事迹和为革命献身的大无畏精神，在更大的范围内被人们所传诵。

雄关漫道真如铁，如今迈步从头越。我坚信耕耘的快乐，我相信生活的美好，我祈愿刘士奇故居的早日修缮，我祝愿岳阳人民建设小康社会的道路越走越宽广！

毫无疑问，刘士奇是我党我军历史上的一位重要人物，但由于刘士奇烈士牺牲时间较早，他参加革命的很多英雄事迹大多缺少记载，或者湮没无闻，给本书的写作带来了很大的难度。在本书的创作过程中，除了笔者亲自采访与召开群众座谈外，还去搜集、研究、整理了部分专家的党史研究成果，参考了徐向前等领导人的回忆录。在此一并向相关部门及作者表示衷心的感谢！

我努力寻找散落在诸多文本中的刘士奇的零星事迹，去伪存真，精心构思，认真创作，尽量还原一个真实的刘士奇，尽量写出一个个性鲜明、革命坚定、大智大勇、感情丰富的刘士奇。创作的过程，也是一次感情得以升华、心灵接受洗礼的过程，我深刻地认识到了中国共产党人为追求革命真理不恤牺牲的伟大精神，深刻地认识到了刘士奇短短三十一年的人生旅程是何等的充实与伟大！他是一个大写的人，一个给人带来启迪、带来力量、带来光明与希望的人！他的英雄伟业必将长留人间，与日月同辉！

现在想起来，创作的过程又是何等的艰辛，有时在办公室的电脑上敲敲打打，不觉夜阑人静，东方即晓，揉揉眼睛，就倒在办公室的沙发上睡一觉；有时为了考证某个历史事件的真实性，到处查找资料，甚至东奔西走，请教专家学者；有时为了推敲某个人物的对话、修改某些情节而费尽心机，神情恍惚，独自一人在校园徘徊，进而自言自语，旁若无人，成了校园里一道独特的风景。

此稿完成之日，正值清明节期间，也许是心智与体能消耗过度的缘故，也许是受书中人物感染不能自拔的原因，一种淡淡的哀思萦绕于我的心间，就让我用这心香一瓣向刘士奇等革命先烈祭奠吧！

由于本人水平有限，时间仓促，本书错误与纰漏之处在所难免，恳请广大读者批评指正。

作　者

2013 年清明节于洞庭湖畔

2014 年仲秋　修改于刘士奇烈士故居